「大阪都構想」を越えて

～問われる日本の民主主義と地方自治～

（社）大阪自治体問題研究所：企画

公人の友社

〈目 次〉

「大阪都構想」の虚像と実像を明らかに

重森　暁　皆さん、こんにちは。今日、コーディネーター役を務めます重森です。どうぞよろしくお願いいたします。今ご紹介がありましたように、シンポジストは大変な論客ばかりでありまして、うまくコーディネートできるか心配ですが、一生懸命やりますので、よろしくお願いしたいします。（拍手）

橋下知事の「大阪都構想」が公表されてからほぼ1年がたちました。この間、大阪市と大阪府のいろいろなやり取りは報道上に伝わってきますが、市民レベルでの議論がどうなっているかはあまり伝わってきませんでした。そういう中で、本日、この6人のシンポジストを招いて市民レベルでの議論が行なわれるというのは大変有意義なことではないかと思っております。

この2月1日の朝日新聞に「大阪都構想」をめぐる世論調査の結果が発表されておりました。この中で、橋下知事の支持率は71%、不支持が15%。かつては8割ぐらいありましたから若干減っていますが、それにしても高い支持率を維持していると言えます。その中で「大阪都構想」について賛否のアンケートに対しては、賛成が40%、反対が31%ということで賛成が上回っておりました。ただ、見ておりますと、この「大阪都構想」について説明が不十分であると答えたのが70％に達しておりました。７割の人が説明不十分だと思いながら、何となく「大阪都構想」を支持して、これをやれば何とか大阪経済も活性化するのではないか、地方分権が進むのではないかと考えているという状況ではないかと思います。

本当に「ワン大阪」ができたときに大阪の地域経済が活性化するのか、私たちの暮らしが良くなるのか、あるいは地方分権や地方自治が進められていくのか。このことをしっかりと考えておく必要があります。本日のシンポジウムでは、こうした問題を議論するにふさわしい６人の方ですので、「大阪都構想」の虚像と実像を明らかにして、７割が説明不十分と言いながら支持しているという状況を打破していきたいと思っております。

大阪市の平松市長は「これは大阪都構想ではなくて大阪都妄想」と言っております。これはひょっとしたら、市民の皆さんも「大阪都幻想」を抱いているのではないか。ぜひ、専門家の皆さん方に「大阪都構想」の虚像と実像を解明していただいて、私たちがどういう軸で考えたらいいか示唆を受けられればと思っております。

どうぞよろしくお願いいたします。

早速ですが、トップバッターとして宮本先生からご発言をいただきたいと思います。

地方自治制度改革と大阪都構想

宮本　憲一（大阪市立大学名誉教授）

1　地方制度改革の課題と地方自治の危機

今、問題になっております橋下知事と大阪維新の会の動向は、大阪府と大阪市の対立構造のように見えますが、実はこれは日本の地方自治制の今後にかかわる重要な全国的な問題を含んでいると思います。私はここに五つぐらいの重要な問題点があるのではないかと思っています。21世紀に入りましてから、分権改革が進んでおります。世界的に分権の潮流はありますが、当初は、これが地方自治を前進させるのではないかという期待感もあったわけであります。しかし、小泉内閣のときの三位一体改革という財政改革があり、同時に進行しておりました市町村合併という行政改革を経て、明らかに分権改革が地方自治の前進よりも、むしろ小さな政府あるいは民営化という新自由主義の路線が前向きに出ているような気がします。

そこで、今、問題になります点の第一は、市町村合併が行なわれまして、基礎的自治体の数が大きく減りました。３２００から１７００に減るというだけではなくて、今までにない、都市なのか農村なのかわからないような複雑な形態の自治体が誕生したわけです。その中では、1万人以下の、「小さくても輝く自治体」という標語で旧町村を維持しているように、小さくても自治体を維持しようというところもあれば、大都市として実に19の政令指定都市ができあがったわけです。小さなところは70万人を切るような大都市ができあがりました。これからそういう小規模な自治体をどうするのか、そして、新しくできた19の政令指定都市はこれまでの大都市の概念とはきわめて異なるいろいろな問題が出ていますので、政令指定都市、大都市制度をどうするかという課題が浮かび上がってきました。

第二には、この過程で地方議会のあり方、つまり今の間接民主主義のあり方が問われるようになってきたのです。今までのような地方議会、これは立法権を行使していないなどいろいろと批判が多くあるわけですが、それでいいのか。例えば最近、佐久市で起こったような、議会が決めている文化会館について、住民投票で不必要なハコモノとして否定された。つまり「地方議会」対「住民投票」、「間接民主主義」対「直接民主主義」についてどう考えたらいいのか。これは今度の維新の会の問題でも、地方議会をどう考えるかが正面に取り上げられてくるのではないかと思っております。

第三に、基礎的な自治体の統合が終わりましたので、次に、道州制、府県連合、あるいは市町村連合、市町村連帯と言ってもいいかもしれませんが、そういう広域行政のあり方をどうするのかが問題になってきていると思います。

第四には、まさに全国共通した問題ですが、財政危機。特に世界大不況のもとで、この財政危機が進行する、少子高齢化が進む。先ほど言ったような構造改革以降、貧困の問題、地域格差の問題、公共サービス劣化の問題が起こっているわけです。そういう状態のもとで、これからの日本の社会のあり方、とくに福祉・医療・教育を中心とする公共サービスをどう充実していくのか、公共部門をどう再生するのかという問題があるわけです。

特に大阪の場合、これだけの方がお集まりで心配されているのは、大阪の政治経済全体としての地位の停滞・低下があって、このままでいいのか。大阪府政・大阪市政が停滞し退廃しているのではないか。そういう状況のもとで大阪をどう再生するのか、この財政危機の中で大阪の公共サービスの再生、そして安心で安全な地域社会をどうつくるかが、問われているのではないかと思っております。

第五の問題は、今の大不況、そして地球環境の危機、日米軍事同盟の問題、憲法改正の問題について、どのような国の形を目指しているのか。橋下知事にも私は一度聞いてみたいと思っているのですが、実は、その国家の基本的政策が、地方制度をどうするかという問題の根幹にかかわってきている問題ではないかと思っています。

今、5点の課題を挙げましたが、この大阪維新の会が出している「大阪都構想」が果たしてそういう当面する問題に対して、それを解決し得るのかどうかをこれから問いたいわけです。

2 「大阪都構想」

ご承知のように絶えず知事の発言が変わります。最近、最後に出ました大阪維新の会の構想も、初めに出たものとだいぶ違っています。しかし、先ほど司会者がごあいさつの中で言いましたように、大きな枠組みは「大阪府は大阪都になる」、これは変わらない。「大阪都」とは大阪市と堺市がなくなるということです。これははっきりしておかなければならないと思います。これをどう考えるかというふうに問題を提起しないといけない。大阪都ができて大阪市も堺市も残っていくのではないかと思われるのではないかと思いますが、そうではない。二つの大都市がなくなるのです。

今、最終的に出ている案は、大阪府は「大阪都」になって、大阪市と堺市は政令指定都市ではなくなり、それを特別区に分解する。大阪市24区は8～9区にする。堺市7区は3区に合併するという構想です。最初はそれだけでなくて、府下残りの市町村についても、これを再編成して20区にする。その特別区には公選の区長を置いて区議会を置いて、それで基礎自治体としての様相を整えるということだったのですが、今回は他の市町村のことはふれず大阪市と堺市をつぶすということがうたわれているわけです。

したがって、この「大阪都」は、府の事業に加えて都市計画や公営事業という政令指定都市の行政をすいあげて掌握する。この改革の理由として、大阪市は基礎的自治体の行政以外のことをやっていて二重行政になっている。そういう放漫行政があり、かつ大阪市については「中之島一家」になっていて行財政が停滞している、これが大阪沈滞の原因だと言っているわけであります。確かに、今までの大阪府と大阪市の行政は大きな失敗をいろいろしています。しかし、今回の「大阪都」という構想によって、先ほどの課題が解けるかというと、そうは言えないわけです。

私が一番気にしておりますのは、この改革の目的が不明だということです。かつて革新自治体は政府と保守自治体に対抗して公害防止、環境保全、福祉、住民自治という住民のニーズを受けて明確な目的を掲げていたわけでありますが、「大阪都構想」の目的は大阪市を破壊するという以外に目的が必ずしも明らかではないわけです。

上山信一氏が『大阪維新』を書いておりまして、グローバル化、知的ワーカーの業務環境づくり、医療・教育・福祉などのサービス産業の育成、の三つの戦略を挙げております。具体的には広域の交通手段を充実すること。教育機能の充実で市大と府大を合併する。地下鉄・バスを民間に開放して職住近接の拠点整備をする。あるいは、公営住宅を開放する。とか、いろいろ書いてありますが、これらのことは別に「大阪都」でなくても、大阪府と大阪市が協議をしてもできることであり、多くの問題は大阪市の行政の中で処理できる。しかも知的ワーカーの充実を考えるならば、府大と市大の合併によって研究教育機関を削減するのは矛盾しています。

かりにこの「大阪都」を実現するにしてもはこれから手続き的には非常に時間がかかるわけでありまして、上山案の実現はすぐにできない。むしろ、その間にいろいろな大阪の社会問題が処理しきれないまま、大阪の衰退がつづいてしまう。そして「橋本私党」と言ってもいい「大阪維新の会」が大きくなり、議会が機能しなくなることを恐れているわけであります。

3　大都市としての大阪市の意義

では、どうしたらいいのか。大阪の市民が橋下構想を支持するのは、大阪がやはり東京に比べて沈滞していて、このままでは駄目じゃないか。これじゃどうしようもないじゃないかというところから来ているのではないかと思います。

実は私はもう20年、大阪から離れて京都に住んでいますが、京都の人たちは大阪に対して冷淡でして、「大阪都構想って、なんや、あれ」という程度のものです。というのは、この30年、戦後と言ってもいいのですが、大阪府・市の都市政策が誤っていたと思います。私は大阪市大にいるときに、『大都市とコンビナート・大阪』(筑摩書房、一九七七年)をはじめいくつか大阪府・市政に対する批判と提案をしてきたつもりです。例えば60年代の終わりから70年代にかけて堺泉北地域に大きなコンビナートを誘致したのですが、あれは大失敗だったわけです。公害を発生させて地域産業の付加価値を高めない。大阪の産業構造の改革にならなかった。今、そのツケが回ってきていて、相変わらず製造業、それも古い重化学工業の構造があるから、相対的に大阪の税収も上がらなければ所得も上がらない。

私どもはあの時代に、大阪は最も付加価値の高い先端的な産業あるいは知識集約型の産業の発展、大阪の持っている学芸的な機能の集積を図るべきだという提案をしてまいりました。ところが、そういうふうには動かなかった。府政も動かないし、市政もその後も「集客都市」を目標にかかげるという大間違いをした。かつて日本都市史上最高の市長であった関一がこの大阪市の都市政策をつくって全国をリードしたときに、関一は何よりも「住み心地のよい都市」をつくらなければならないと言ったのです。アメニティーのある、市民が安心して「住み心地のよい都市」をつくることが都市政策の目標だと言ったのです。しかし大阪市政は市民の生活よりも観光客を誘致して、それで都市を発展させようという、市民を無視した政策をとったわけです。

そういう意味で、戦後の長いツケが回ってきている。もちろん大阪経済の相対的衰退の背後には、戦争中の統制経済、戦後のアメリカ占領政策、そしてその後における東京一極集中を招くような多国籍企業のグローバル化という資本の動きがあった。しかし、それに乗って「東京を見習え」とやった政策がすべて失敗に終わったわけです。例えば筑波研究学園都市をまねして、京阪奈学研都市をつくったら、それは全然成功しない。本来はその機能を大阪市に集積すべきでした。あるいは、成田に国際空港ができたから関西空港をつくったがそれは公団ではなく株式会社にされて、経営に四苦八苦するというように、大規模開発は、みんな後追いをして失敗をしてきているわけです。

そういう意味では、財界の失敗、大阪府や市の都市政策の失敗のツケが今、回ってきている。これからそうではない、やはり大阪独自の政策はどうつくられていくかということだと思います。私はかつて、市大を辞める頃に、「大阪は都市格のある街を目指さなければいけない」と言いました。大阪は下司《ゲス》の街と言われていて、「もうかりまっか」という金もうけだけに走るような汚い大阪が大阪のイメージになってしまっている。それは、文化や学芸とむすびついた新しい産業や優れた人材を集めるのに非常にマイナスになっているわけです。

4 「都市格」のあるまちを

そういう意味で、人格があるように「都市格」のある街をつくらなければならない。これを私が新聞や雑誌などに書いていたら、大西正文さんという大阪ガスの会長が商工会議所の会頭に就任される時に「これでいこう」と。大阪の経済戦略は都市格のある街をつくらなければならないというので、私のところに相談に来ました。彼は商工会議所の会頭になったときの戦略を「大阪を下司《ゲス》の街ではない」。みんなが「この街は美しい、そして、この街は自然もきわめて豊かで、文化も発展する街だ」と言うような都市格のある街にしたいということを彼の会頭の年頭あいさつにし、しかも『都市格について』（創元社、一九九五年）という本をわざわざ出版したほどです。

かつてはこのように財界人の中に、大阪は東京の後追いや東京型の街ではない、独自の文化と歴史のある街をつくりたいという希望を示していた時期があったと思います。今はそうではない。地域性がなくなってしまった。おそらく京都の知識人たちが大阪を軽蔑するのは、そういうところがあると思います。京都の企業に地域的独自性があることは最近評価されています。たとえば、オムロンは本社機能を京都に持って帰るという方針に変えたと聞いています。市が京都会館を改造してオペラハウスをつくるのにオムロンは50億円を寄付する。つまり、その地域に根差して、地域の資源や人材に基づいて発展するというのが、これからの地域開発の基本です。

大阪が「第二東京」になろうとしてやること自体がすべて後追いで、国は何も金を出してくれない、うまくいかない。それをまた東京都をまねして「大阪都」にしたいというのは、これは後追い、まねの最もまずいやり方です。私は大阪市というのは伝統のある大都市として発展してきた有機体だと思います。それを行政区画で行政を論じてはいけないので、都市があって国家があり、都市の成長の中で国家があり、都市という自治体の成長の中で実は国が形成されてきたわけです。その大都市には経済の集積あるいは文化の集積があり、その外部性でもって一国の経済や文化が成長してきたのですから、この大都市を簡単に行政的な効率で分解して特別区にして大阪市をなくしてしまうというのは許せない。

大阪市は、徳川期よりずっと前、石山本願寺があった頃から都市として形成されてきた伝統があり、ここに蓄積された資産、人材を生かして、大阪というものを発展させるという基本的な方針を持たない限り、これはうまくいかないだろうと思っています。ニューヨーク市をなくして特別区に分解するとしたら市民は納得するでしょうか、国際的にもそれはゆるされない暴挙だとなるでしょう。大阪市を廃止して分解し、「大阪都」に吸収するというのがいかに駄目だということはよくおわかりになったと思います。だからこそ、皆さん方が自前でこれから「都市格」のある大阪にどう再生するかを議論していきましょう。大阪らしい街をつくるという決意を持たなければ、この問題は解決しないだろうと思います。これは政治家だけでなく財界人にもぜひ、そう思っていただきたいと思っています。（拍手）

混迷に輪をかける「大阪都」構想

加茂　利男（立命館大学教授）

私は主として政治的な問題を中心にして三点ほどお話ししたいと思います。

1　「都」という発想で大阪は蘇るのか

第一に、「大阪都」という言葉に表現されている改革の思想について申し上げたいと思います。「大阪都」という言葉は確かにインパクトがあります。日本中どこにでも「市」は掃いて捨てるほどあるわけですが「都」は東京しかない。そういう本当に希少価値のある自治体にしようということです。この案には一種の言葉のオーラが感じられるのではないかと思います。辞書を引きますと、「オーラ」とは「正体のはっきりしない雰囲気」と書いてあります。「大阪都」という言葉は大変重々しくありがたい言葉ですが、どうも正体がはっきりしない。民主党の岡田幹事長は「ナンヤ、さっぱりわからん」と言っております。言ってみれば、言葉のオーラで何か事を起こそうというところに改革案の眼目があるのではないかという気がしています。

最近は「新潟都」とか「中京都」とか、みんな「都」と言い始めました。これでは日本中が「都」になってしまう。そうしたら京都はどうしたらいいんだという問題が出てくるわけであります。（笑い）

いずれにしても大阪府を「都」にして、大阪市や堺市などを分割した上で「都」の中の特別区にするというのが橋下構想の眼目であります。これを実現するには、もちろん法律の改正が必要です。この法改正に国とか他の自治体の理解を得ることはそう簡単なことではないだろうという気がしますので、今のところ、少なくとも「大阪都」はあまり現実性のない案だと考えるほかはない。出てきたときからそう思っているのですが、現実性がないと言っているうちにだんだん勢いがついてきまして、おやおやという感じになってきたわけです。

歴史というのは、実は時にこういう実態や現実性のないあやふやな言葉によって揺り動かされることがままあるわけです。これまでの日本の為政者たちは社会が混迷し閉塞に陥ったときには、例えば元号を変えるとか、遷都をするとか、いろいろなことをやって、言ってみれば言葉のマジック、シンボル効果みたいなものによって人心を収攬するというやり方を常套手段にしてきた面があります。「大阪都」も

「都」にすれば、困っているいろいろな問題がいっぺんに解決するのではないかというイメージを持たせる。そういう言葉のマジックみたいな機能を持っているのではないだろうかという気がするわけです。

第二次大戦中の1943年に、時の政府は国力・権力を集中させるために法律を改正して、東京市や区を廃止して従来の東京府に「都」という新しい名称を与えて、そのもとに東京市や区を吸収するという大変集権的な制度をとった。都は市や区の権限や財源を全部吸い上げてしまって、一種のモンスター行政体になってしまったわけです。同時に、大日本帝国の首都、「帝都」という正体不明のオーラを与えられたと言ってよいのではないかと思います。

これに対して、大阪市をはじめとするほかの大都市は特別市という制度を求めたわけです。住民に近い基礎的自治体という性格を保持しながら、大都市らしい役割や権限を持とうとする意図に基づく改革案だったわけです。

大阪市が「都」にならなかったのは、そういう意味でそれなりの思想的な根拠、理由があったということを改めて確認したい。「大阪都」案は言ってみれば、その戦中の雰囲気の中でできあがった「国の中の国」みたいな東京という行政体の後を追いかけようとする考え方でありまして、誇大妄想、時代錯誤で自治を忘れた中央集権主義的な考え方だという気がいたします。

2 大阪、関西の衰退は、制度のせいか

第二に、大阪・関西の衰退は「大阪都」という制度で救えるかを考えてみたいと思います。大阪や関西の経済的な衰退の原因は、香川県に次ぐ、ちっぽけな区域に大阪府と大阪市という二つの大きな行政主体が併存して二重行政になっている。それが大変な不効率をもたらして大阪の成長を妨げているのだという考え方です。大阪や関西の衰退の原因が本当にこういう行政制度のせいなのかどうかを考えてみたいと思います。

表1、**表2**をご覧ください。首都圏・中部圏・近畿圏という三つのブロックの人口と地域総生産の対全国比の推移を表した表です。1970年から2005年までの35年間における各地域の人口および地域総生産、地域GDPが国全体に占める割合、つまりこの三つのブロックが日本という国の中に占める地位あるいはウエートを示すデータだと考えていただいていいと

表1　地域ブロック別人口の対全国比の推移（%）

	1970	1980	1990	2000	2005
首都圏	28.9	30.5	31.9	32.6	33.2
中部圏	13.1	13.2	13.2	13.4	13.5
近畿圏	16.6	16.7	16.5	16.4	16.4

表2　地域ブロック別地域総生産の対全国比の推移（%）

	1970	1980	1990	2000	2005
首都圏	34.2	34.6	37.2	36.7	37.0
中部圏	14.0	13.7	14.1	14.3	14.5
近畿圏	19.3	17.3	17.6	16.2	15.9

思います。

ご覧のように、人口、ＧＤＰともに首都圏と中部圏は国全体におけるウエートを結構上げています。それに対して、大阪を中心とする近畿圏はどちらのウエートも下げております。しかも、地域ＧＤＰ、地域総生産に至っては１９７０年には国民総生産の19・３％あったのが、２００５年には15・９％にまで激減と言ってもいいような減り方をしているわけです。まさしく、ダントツの没落ぶりです。これだけの違いが果たして行政制度で説明できるかと、私は疑問を持っています。

首都圏や中部圏にも横浜市があり川崎市があり千葉市があり、そして名古屋市がある。大都市、政令市があるわけで、これらの地域では県と市の併存、並立という状態になっているわけです。当然、二重行政もあるだろうと思います。それにもかかわらず、その中で大阪だけがこれだけ没落しているというのは、これは行政制度で説明できることではないのではないかという気がするわけです。

結局、大阪・関西の衰退は、大阪にあった大企業が本社や生産拠点を東京や海外にどんどん移していったためとしか考えられない。この問題に「大阪都」論者はどう対処するのか。一番肝心な問題に対する答えはどこにも書いてないと言わざるを得ません。

もし、その衰退の原因を取り違えて制度を変えてしまうとなると、これは病気の原因を間違えて、間違った薬を飲ませてしまうことになるわけです。医療過誤ならぬ行政過誤、政策過誤になってしまうのではないかと思います。

3 橋下政治手法の威嚇効果

第三に、私は政治学の研究者でありますので、橋下流の政治手法、よく問題になるけれどもなかなかはっきりした結論の出しにくい問題についてちょっと考えを述べてみたいと思います。これは果たして地方自治や民主主義にかなうものなのかどうかということです。橋下氏と維新の会は、多くの市町村長あるいは議会の選挙に、橋下氏の知名度と人気を背景にして非常にたくさんの候補者を立てて、府議会や市議会の多数を占めようという運動を今、しているわけです。もちろん選挙に立候補する、あるいは政治活動することはその自由が保障されておりますので、年齢その他の条件さえ満たせば、誰でも立候補する権利はある。しかし、私はどうもそれだけでは済まないような気がするわけです。

例えば一昨年、堺市長選挙で橋下氏の支持を受けた候補が現職に対抗して立候補したとき、橋下さんは頻繁に堺市に入って演説をしました。大勢の聴衆を前にして演説して拍手喝采を受けたわけであります。あの選挙は、前市長対新しい市長候補の選挙かなと思っていたら、途中から橋下対前市長の選挙みたいになってしまったという感じがしました。さながら、そういう意味で知事の権力とメディアでつくられた知名度の前に誰もかなわないという雰囲気ができあがってしまったという感じがするわけです。これは、府の首長である知事による府下市町村の自治に対する政治的な殴り込みではないかという気がします。たとえ法律に反していないにしても、これは地方自治のルールあるいは作法に明らかに抵触しているような感じがするわけです。乱暴な言い方かもしれませんが、私は、この劇場型政治と言われる橋下流の政治手法はファシズムに類似したところがあるという感じがします。

1933年、ドイツのナチ党が総選挙で第一党になってヒトラー内閣ができました。今思えば、ナチもこの時期までは一応合法的な政治活動をやっていたわけです。この合法的活動の時期には、ナチは大衆集会をたくさんやりました。そこでヒトラーをはじめとするナチの指導者たちが激烈な演説をして、大衆の情緒に訴えることをやったわけであります。大衆宣伝のプロたちを集めてきてスローガンを考えさせ、映画を作らせ、いろいろなメディアを活用して大衆の感情を揺り動かした。まさしく劇場型政治をナチもやったわけです。ナチの場合は突撃隊の示威行為とか暴力行為による威嚇もございましたが、全体としてはプロパガンダによってナチの勢いを印象づけ、「ナチに逆らうと怖いぞ」という雰囲気をつくり出していったのだと思います。

今、大阪府下の市町村長さんや議員さんたちには「橋下知事に逆らうとちょっと怖いぞ」という雰囲気があるかに聞いております。やはり橋下流政治手法が一種の威嚇効果をつくり出しているのではないかと思います。私に言わせれば、地方自治というのは地方の国からの自立だけではなくて、自治体の間でも自治・自立を尊重し合うルール感覚や作法がそこになければ、成り立たないと考えているわけです。現職の府知事が府下の市町村の選挙に強力に介入して代理戦争まがいのことまでやるというのは、私は

「仁義なき戦い」だと思います。

そういう意味で、地方自治を本当に深い意味で理解し、作法やルール、モラルの問題まで含めて、本当の地方自治をつくる方向を考えるにつけても、橋下氏の政治手法はそれとはまったく逆のものだと言わざるを得ません。大阪の有権者の皆さん方にはそういう意味で、今の大阪府政の「ノーマライゼーション」というか正常化をぜひ、この際、覚悟を決めてやっていただきたいと思います。

4　大阪市民は民主主義を守る覚悟を

大阪の市民、大阪の住民は今ちょっと、ほぞをかみ、覚悟を決めるということをやらなければいけない時期に来ているのではないかという気がしてならないわけです。

先日、鎧袖一触《がいしょういっしょく》で反対派をなぎ倒した河村名古屋市長、橋下知事、あるいは、負けましたが鹿児島県の竹原（阿久根市）前市長のような割と共通した行動パターンの地方政治家というか首長が次々と出てきているというところに現代の特徴があるのではないかという気がします。議会を徹底的に批判して議員定数を削減、議員報酬を半減させることを主張し、議会と真っ向から対決し、名古屋ではついに首長のリーダーシップで議会をねじ伏せてしまった。

こういう政治のあり方は、やはり日本の地方自治の将来に大変な暗雲を投げかけていると思わなければばいけない。あまり軽い気持で見ていられないという感じがするわけです。確かに、こんにちの地方議会は非常に大きな問題を抱えておりまして、多くの地方議会は政党とか議員の保身あるいは既得権の維持、政党同士の妥協やなれ合いとかに流れて、新しい政策を議員の中から打ち出していくようなバイタリティーというかアイデア、能力に欠けていることは間違いないと思います。

だからこそ、明快で強力な主張とリーダーシップを持った政治家が出てきて、有権者に直接訴えて、議会の頭を通り越して指導者が有権者の心をつかんで政治を引っ張るというタイプの政治が非常にウケる時代になっているのではないかという気がするわけです。そういう人たちが出てきて議会がリコールされるということになると、有権者はスカーッとして痛快に思えるような面があるのです。言ってみれば有権者は河村さんや橋下さんにフラストレーションのはけ口を求めたのだと思います。ですから、議会はやはり自ら本当に議会改革を行なうための努力を今、本気で始めないと大変なことになってしまうと思います。

しかし、首長も議会も正面切って、その橋下案に対して発言することはできなくて、あとが怖いと言って黙ってしまうという雰囲気になっている。それは本当に嘆かわしいというのを通り越して危機的状態だと私は思います。

こういう議会に対する不満を背景にして、もし議会民主主義という制度が排除されてしまうとなると、これはかつてドイツや日本でもありましたように議会や政党がなくなると同時に、言論の自由も人権の尊重もない独裁政治が姿を現すわけであります。

橋下・河村現象がここまで行くかどうかわかりませんけれども、そうならないために市民は賢い判断と民主主義を守る覚悟を持つことが必要だと思います。この集会は大変熱気を帯びて成功いたしましたが、このことを一つのきっかけにして、ぜひとも民主主義と地方自治を守る覚悟、性根の座った気持ちが府民の間に広がっていくことを私は強く望みたいと思います。（拍手）

東京から見る「大阪都」問題

柴田　徳衛
（元東京都企画調整局長・
東京経済大学名誉教授）

ご紹介いただきました柴田徳衛です。東京から参りました。私は1949年、今から60年ほど前、東京都立大学が新しくでき、そこの若い助手として入りました。いつも私は「都立大学の柴田でございます」という具合にごあいさつしておりました。ある日、大先生からぽんぽんと背を叩かれ、「君、東京都立大学とちゃんと東京をつけて言わないと駄目だよ」と。私は「何ですか」と聞いたら、「大阪府・市が東京がどうも良さそうだからと、大阪都になりたがっている。そうすると大阪都立大学ができるよ。ただ都立大学と言っては駄目で、今から『東京都立大学の柴田です』と言わなければいけない」と。そのまさに「大阪都立大学」ができるかどうかという話で今日、こういう集まりに参加しました。60年たつといろいろあるものだなと思っております。

私は1971年、都立大学から東京都庁に入りました。都庁における私の主な役は、知事が言う話を各局にそれを具体化して命令する内閣官房長官のような仕事。「隅田川をきれいにしたい」と知事がおっしゃれば、隅田川を汚す発生源はどこか、それを収めるためには中小企業に一方で罰則、一方で補助金を出したり、技術援助をどうしたらいいか、それには担当が何局なのかときめて命令を出す。そのような仕事をしてまいったわけです。同時に、その当時、都政にはいろいろな問題があるということを痛感して、東京都庁から見て大阪はいいなと思ってやっていました。

1　東京都が直面する困難（戦後から最近まで）

東京の場合、中心に皇居があり、その周りに霞ヶ関の中央政府、外国公館がございます。残念ながら、ここは恐れ多くて都庁としてはさわれない。しかも固定資産税はいただけないけれども、警護とか上下水道とか、いろいろ費用はかかる。チャールズ・ビアードが後藤新平に呼ばれて「東京市政論」を出しておりますが、そこには皇居に固定資産税を課しなさい、東京都民はそれにご奉仕しているのだからと論じていて、そういうことかと思いました。外国公館もいろいろ面倒を見なければいけないけれども、そこから税金は来ない。

こういた事情は全国で東京にしかないわけです。先ほど言いましたように、「大阪都」ができるか心配だと話したときに、「警視庁は東京にしかない。大阪にはつくれないから都は東京しかない」と言うので、そうかと思ったのです。警視庁は、東京都は金は出すけれども口は出せない。警視総監はとても偉い人で、都知事とどんなときであっても同じ形の椅子に座らせないと警視庁から叱られてしまうわけです。警視総監はとても偉い、警視総監はいつでも最高上座に置かなければいけない。少なくとも都知事にちょっとでも負けたらというので、私は叱られるほうの係でした。

戦後、急速な東京の大変革がございました。その元は農地改革です。それまでの零細な小作人が零細な土地持ちになった。そこへ機械が入ったり肥料が入ったりして、村に若者が要らなくて「三ちゃん農業」でみんな済んでしまった。じいちゃん、ばあちゃん、母ちゃん、そして父ちゃんの出稼ぎで済んでしまった。その結果、若者は余剰労働者として東京へわあっと出てきた。昭和30年前後、大体毎年都の人口は30万人ずつ増えました。そういう人たちが東京で結婚して、家を作っています。それがぴっちりできたときに、都は何をしているか。学校がない、ゴミ工場が要る、水道の施設が要る、そういう財政需要がどっと来るわけです。

いっぱい人が住んでしまったあとで、そういう装置や施設を付けようとすると大変なことです。私は「杉並の清掃工場をつくらせてください」とお百度を踏むと怒鳴られるわけです。「ご先祖様からいただいたこの尊い土地を、そんなゴミ野郎にやれるか。土下座しろ」ということばかり言われる。公共施設が後追いで、用地費などべらぼうな財政が要る。このような問題に追いまくられました。そういう点で大阪はうらやましいと見ておりました。

大阪の方がうらやましいと見える重点は土地所有です。明治以来こんにちまで、いろいろ東京は不利なものがあった。實（清隆）さんから今、『都市における地価と土地利用変動』という本をいただきました。東京の土地利用を見ますと、明治の末、東京市の普通の民間所有の土地全体が１１５０万坪ありました。そして、持っている地主が2万１２９５人。ところが、その中で1万坪以上持っている大地主が１０８人。その人たちが東京の今の面積のちょうど4分の1を占めていた。どういう人が占めていたかというと、その名前は酒井忠道、徳川、浅野長勲、土井、前田という大名です。明治維新で世の中がまるで変わったと言いますが、実はあの当時の大名屋敷の土地がそっくりそのまま明治以後に残ったわけです。

明治維新で反動勢力を明治政府が非常に恐れて反乱軍がだいぶ出るのではないか。そして、16代将軍に当たる人は、明治維新のときにすぐイギリスに留学して、ほとぼりが冷めた頃日本へ帰ってきて、近衛の一番偉いお公家さんの長女と結婚しました。これも一種の懐柔政策だろうと思います。そして、大大名所有の土地は大部分そっくり残した。その大名の土地を民主的にいろいろ東京で利用しようとしてもなかなか難しかった。その点、大阪は、関さんという偉い人がいたのですが、土地を誰が持っていたかというと、例えば北船場で見てみますと、鴻池善右衛門、住友吉左衛門、塩野吉兵衛、伊藤忠兵衛、武田長兵衛、こういう民間の人が持っていた。民間の人だと土地の整理がいろいろできますが、大名の持っている土地、天皇と皇族の持っている土地は、われわれ下々はなかなか触れられなかった。その辺が、こんにちの東京の都市計画の問題の一番の根っこにあるのではないだろうか。

こちらに来るので、私も気にしていたのですが、東京の本屋で『日本経済は大阪の二の舞いか』（WEDGE 2011年1月号）がありました。ずいぶん悲しい題です。それから『エコノミスト』が特集号で「地方財政危機」、その一番最初にあるのが「関空とともにしぼんだ悲しい夢、大きな借金が残った泉佐野市」。そして、全国全部で１７５０の市を財政分析して、財政難で一番悲しいトップが残念ながら泉佐野市。続いて、高石市、泉大津市、それから大阪市、忠岡町、これがずらりと出てくるのです。これは大変悲しいことで、「東の東京、西の大阪」となっていたところが、いったいどうなってしまったのだろうかと、東から来た人間として首をかしげております。

自分のことを言っては大変申し訳ないですが、昭和34年に、私は『東京』を岩波新書で出しました。もし古本屋で見つかりましたら、見ていただきたいと思います。東京を一言で言おうと、最初に写真を載せたのです。

これは銀座の一番賑やかなところで、チンチン電車がまだ走っている頃の写真です。バスや三輪トラックがわあっと集まって身動きが取れない。そのバスの横に大きな字が書いてあって「ＴＫＫバス」と言うのです。これは「とても苦しくて困る」というバスです。上を見ますと大きな看板が見えます。

「アメリカ屋靴店」、こっちに「ワシントン靴店」とあります。東京を一言で言えば何だというと、アメリカの下にあって、「とても苦しくて困る」。そして、ウサギ小屋のような零細住宅がわあっと周りに密集して散っている。こういうところだ。

願わくは、いったい大阪とは何だろうか。東の東京、西の大阪だったのが、こういう残念な『日本経済は大阪の二の舞いか』と言われるのはおかしいじゃないか、それを研究して、どこがおかしかったのか。第二次大戦の後半で大阪はアジアとの関係が物理的に切れてしまった。今まで大阪経済は日本海側、韓国、それで栄えていたところが完全に切れてしまった。それ以降、東京、アメリカ一辺倒で来てしまった。その辺に関西経済困難のひとつ大きな理由があるのではないだろうかと思います。「大阪をあんじょうする会」があったそうですが、大阪とは何なのか。大阪はこれからどうしたら発展するだろうかということを皆さんの力でやっていただければありがたい。

2 「大阪都問題」を実務的に「東京都」から見て

基本的に大阪と東京がどう違うのか。

これを歴史的に申しますと、明治に東京市ができ、その前に東京府ができました。その東京府に神奈川県から三多摩の合併、移管がございました。

府県別経済の発展の力を人口の増加と減少で見ましょう。一都三県、千葉・埼玉・東京・神奈川は人口の増加率がかなりプラスでした。愛知、その隣の滋賀もプラスです。他方大阪・京都・兵庫は残念ながらちょっと人口が減っているわけです。

経済を見る目と

図1　人口増加率（2007年10月～2008年9月）

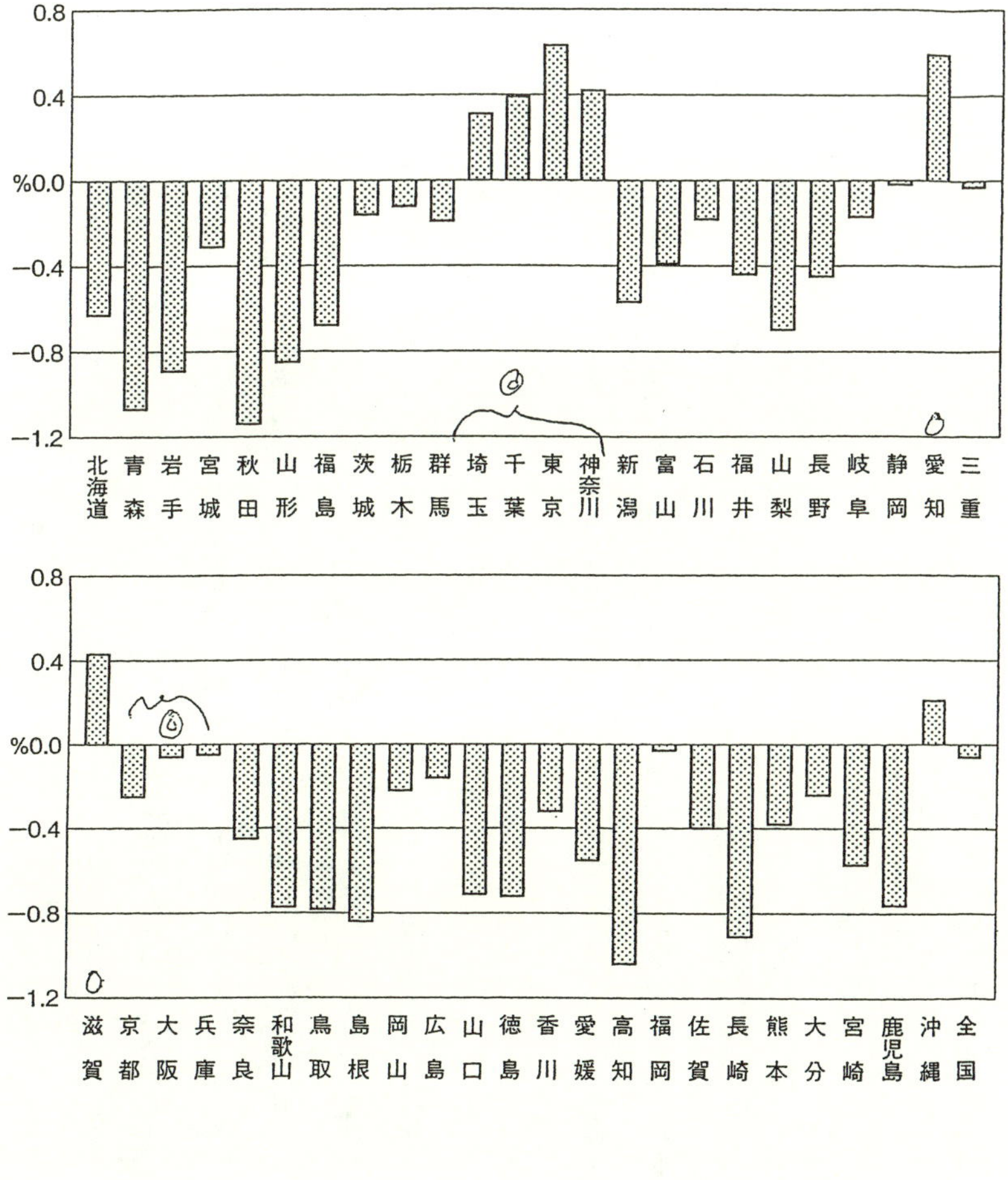

して、銀行の貸出残高が２００４年には東京都は全国の39％。２００９年は41・４％で、じりじり少しずつ増えている。大阪府は10・７％から、今は９・１％という具合に少しずつ下がってきている。他方銀行の預金残高は、２００４年には東京都は全国の27・８％。２００９年は29・44％で、大阪府は９・９％から９・６％でした。全国の財政指標は、一応その府県の財政が豊かか貧しいかについて示すものですが、東京都は１・４、愛知県も１・09、愛知県は国から見ると富裕です。その点、大阪府は０・８２。市町村はどうかというと、東京の23区に近いほうが１・プラスですが、「東京のチベット」と悪口を言われる檜原村辺りは０・25となかなか大変です。大阪はどうかというと、うらやましい財政優位とされるのは吹田市１・12、茨木市１・02、箕面市１・05ですが、それ以外はなかなか大変です。大阪市もなかなか大変。

東京の地図を見るとずうっと西に膨らんでいます。これは何かといいますと、当時は神奈川県にあったところを東京に水を供給するという意味で、その源である三多摩、特に奥多摩とか檜原等々を東京府に移管した。これは表向きです。裏向きは、その当時、自由民権運動が非常に立川や八王子で盛んでした。それが目障りだから弾圧しなければならない。神奈川県の警察では抑えきれない、東京の警視庁が抑えなければいけないということで東京府に移管した。

そして、東京には絶海の孤島が伊豆七島の先にございます。それも確か静岡県に属していたのですが、東京は経済力があるというわけで小笠原まで今、東京の中に入っております。そうしますと、銀座に公衆便所をどうしようかという話と、小笠原のジャングルをどう開拓するかという話が同時に都庁の私の机に出てきます。その点、大阪はうらやましい。絶海の孤島もないし、過疎地の本当の農村もない。東京はそういうものを抱えている。

特に悲劇は昭和18年でした。東京府が東京市をつぶして東京都になった。完全に自治がなくなってしまったわけです。なぜこんなことがあったかというと、当時の中央集権で東京の自治を抑えたのです。しかし、私は本当のところは八紘一宇の時代でした、日本が朝鮮、満州、中国、それを全体抑えたい、それ全土の首都に東京を持ってきたい。そうしますと、東京市とか東京府では箔がつかないから、そういう広範なところの大本部として東京都にした。東京府を東京都にして、東京市自治なんていうものは贅沢だ。そこに軍のサーベルの力で陸軍大将が東京都知事で乗り込んできた。こういう歴史がありました。

3　都と特別区の事務分担と財源配分

戦後、自治権拡充でいろいろあったのですが、やっと23区が自治権拡充で区長を区民が自分で選んで自分で自治権を持つところが出てきました。ところが、問題は財政と、そこの事務をどう移管するかでした。どうしても水道・下水道、消防とかは東京都全体として見なければならない。しかし、市民に一番近い福祉とか医療はそれぞれの特別区が持たなければならない。そこで事務の再配分と財政の移管という問題が出ました。

東京都の場合は、市町村の普通の事務のうちで、全体にかかわる上下水道や消防そして大規模な公共工事など公共のものは都にしてもらう。その代わりに、そのための財源として住民税の法人分、固定資産税その他を都の方に持っていく。ただ、そうしますと23区のうちに非常に貧しいところが出てきます。その貧しいところ、具体的に言いますと基準財政需要と基準財政収入で需要が多すぎて金が足りないところには、国の地方交付税に当たるような、都が召し上げたところの税収の一部を差し上げなければならない。簡単に言いますと、こういう制度です。

次頁が「調整税」です。これは東京都が区から取る上記二税で1兆６０２7億円ございました。最初はそのうちの40%が特別区にもどすのでして、最近は55%になったのです。その55%に当たる８７８２億円。これだけの金は調整税として置いておく。23区で特に貧乏区でどうしても必要な金がある。もちろん、その区も区自身も残りの区税を取っているけれども、その足りない部分を1兆６０２7億円の調整3税の部分から出すわけです。そこで、この調整率をめぐり都と区で本当は大げんかして、23区は「それではとても足りない、生きていけない」。都のほうは「だって都も大変なんだよ」と争って調整率を出してきました。

裏から言いますと、区会議員は都会議員の、都会議員は国会議員の下にいます。選挙のときには、都会議員はどれだけの手下の区会議員を持っているかが大事だ。そうすると、区会議員から「俺の区は大

平成22年1月22日
総務局

平成22年度　都区財政調整について（要旨）

平成22年度都区財政調整について、下記のとおりお知らせします。

記

1　概要

（1）調整税（当年度分）	1兆6,027億円（△6.6%）
（2）交付金の総額（ア＋イ）	8,782億円（△7.3%）
ア　当年度分（調整税の55%）	8,815億円
イ　精算分	△33億円
（3）基準財政収入額A	9,413億円（△9.8%）
（4）基準財政需要額B	1兆7,755億円（△8.6%）
①経常的経費	1兆5,851億円
②投資的経費	1,904億円
（5）交付金	8,782億円（△7.3%）
①普通交付金（B－A）	8,342億円
②特別交付金	440億円

2　特徴

《交付金の総額》
企業収益の悪化による市町村民税法人分の大幅な減収等により、交付金の総額は8,782億円、前年度に比べて、692億円、7.3%の減となり、2年連続の減少となった。減少額は過去最大だった昨年度をさらに上回った。

○普通交付金は、交付金総額の95%相当で8,342億円、前年度と比べて、658億円の減となった。
○特別交付金は、交付金総額の5%相当で440億円、前年度と比べて、35億円の減となった。

変だから頼むよ」と都会議員に来るわけです。都会議員は大変な力で、われわれ都のほうに区への調整率を上げろと押し寄せてきまして最後に大体手打ち式をやる。

23区のうちで平均よりちょっと財政事情がきつい、仮に板橋区をとってみます。人口が51万人ちょっと。そして、老年人口が約19％です。そこでもって、特別区として自分で取っている区税が平成21年度で435億円。これだけ自分で取っている。ところが、とてもそれでは足りない。特に福祉関係です。福祉費がとても足りなくて879億円です。その足りない部分が特別区交付金として、都が一回徴収したところから板橋区に625億円が行く。

板橋区の財政にとっては自分の区でもって賄える分は435億円だけども、どうにも足りない福祉関係、生活保護、これの金として625億円もらわなければならない。

そうしますと、東京の東のほうのいろいろな区は、自分の税のほかに特別区交付金という、全体でもって都に捧げた3税のうちの最初は40％、それを今は55％となっております。よそからは、都は余裕があるからできているのではないかと言われるのですが、都の人間としてはとんでもない。

次頁の図は財政調整制度の仕組みです。23区の3税は都が徴収して、代わりに23区の中で財政需要がとても多くて大変だというところへ、それを戻さなければならない。その金額をどう戻しているかというものです。実際には時間のずれとかありますが、結論として、平成22年度の全体として調整税として3税で1兆6027億円。他方、区でどうしてもいくら必要なのかを出します。

都区財政調整制度の基本的仕組み

参考

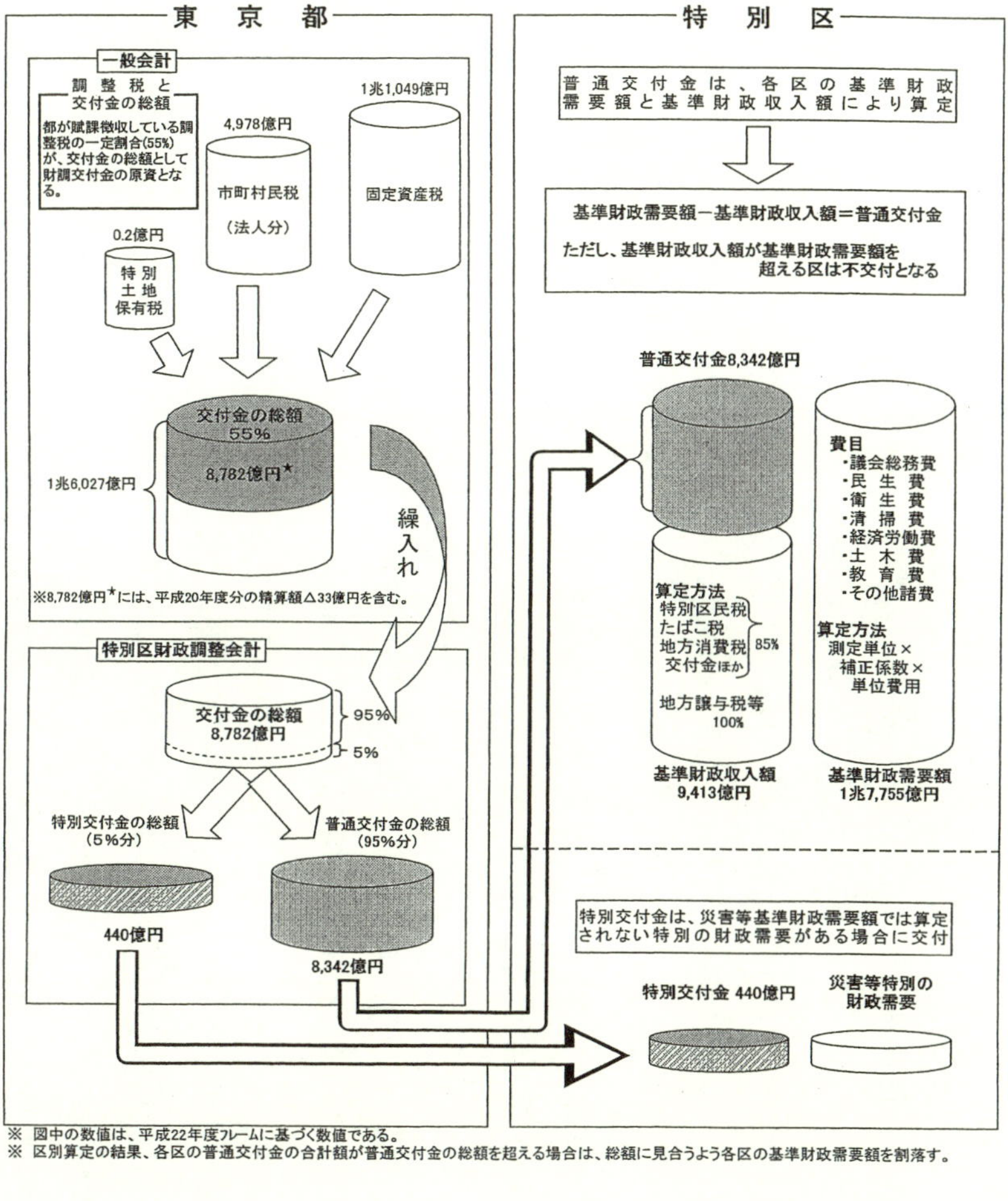

※　図中の数値は、平成22年度フレームに基づく数値である。
※　区別算定の結果、各区の普通交付金の合計額が普通交付金の総額を超える場合は、総額に見合うよう各区の基準財政需要額を割落す。

実際の都区財政調整にあたっては、23区の代表と都の財務局主計部の担当者と行政部が区の財政需要を個々にあたり一件算定をします。一つずつ、「ひとり親家庭ホームヘルプサービス事業費は贅沢だ」とか、「商工振興費は切ってしまっても、そちらの区はいけるじゃないか」とか、それに対して区からは反論するわけでして、まあまあ話し合いをつけて、両軍戦い疲れて、この辺でいこうやというところで、今のところは55%としています。

私が心配するのは、大阪府が今度「大阪都」になっていったいどうなるのだろうか。大阪府でも特別区ができるそうです。大土木事業、港湾とか大事業は多分新しい「大阪都」がなさるだろう。その税収は、大阪市町村税からそういう分というので「大阪都」が取り上げるだろう。それから、取り上げた分の中で貧乏区だからというのでどうしても出さなければならないのは、「大阪都」財政から大阪市町村に来るだろう。そうすると、東京都の立場から見て気になることは、そこがいったいどうなるのだろうか。

私はここに来るまで「これから大阪に行くけど、どうかね」と都の関係者に聞きましたら、「これは大変なことになるのではないか。大阪の市長さんがみんな金が余って困っているか、さもなければ橋下知事が中央にえらい顔があって、大阪都ができたというと国がおめでとうございますと言ってお祝いに毎年5000億円ぐらい来るだろうか。そうすると、それはいいよ、みんなニコニコだね」と。「どうだろうね。今の内閣は大阪新都出現に祝いとして5000億円出してくれるだろうか」と言ったら「それはちょっと無理だろう。5万円ぐらい、金一封ぐらい来るだろうけれど」。（笑い）これはいったいどうなるのだろうねというところでして。

私が言っているのは、仮に大阪市なり他の衛星都市が特別区に分かれて、市の財政から新しい都に相当の税収が持っていかれる。そして、大阪が残ったところでどうだろうかと仮の計算をして、橋下大先生にどうなんでしょうかという辺を確かめないと、おいしい経費は、上のところへ行ってしまう。そして、市町村財政の一番大事な福祉とか市民生活に直結するところはお金が空っぽになるということはないだろうか。

「大阪市なり衛星都市はまず何でもいいからぶっつぶしてしまえ、そうすれば、あとはすべてうまくいくんだ」と言っていると聞いています。明治維新のときには壮士が新撰組と斬り合って壊してしまえばよかったようですが、その辺はいったいどうなるのでしょうか。その辺りを少し冷静に、専門の人もいくつか大阪都制の事務と財源について仮説をつくってみて、どうかというところを聞いてみたらどうか。指揮官は一人でよいと大阪都知事を選んでしまって、その人が全部決まってから、「俺の街の金庫はお金がなくなってしまうじゃないか、これはできないじゃないか」となっても後の祭りになってしまうのではないか。私はそういう心配をするのです。東京都の企画調整局長という実務で眺めてきた人間としては、そういうところを気にしております。（拍手）

「大阪都」構想のモデルにならない都区制度

大森　彌（東京大学名誉教授）

橋下知事の「大阪都」構想は、東京の都区制度をモデルにして考えているらしいのですが「おやめになったらどうですか、ロクなものじゃないですよ」ということを言いに来ました。でも、これを支持するかどうかは、大阪の皆さん方の選択ですから、どうぞご随意にというほかありません。もし、おやりになるのだったら現在の都区制度をきちんと把握した上で、そういう条件が大阪にあるかどうかをお考えになったらどうですか。そのことを話しに参りました。

1　日本の大都市制度

まず、いくつか基本的なことをお話したいと思います。わが国における大都市制度は、二つに大別できます。一つは、これからお話しいたします「都区制度」。これが首都の制度であるかどうかは怪しいのですが、東京という巨大な都市に成り立っている制度です。この大都市制度がどのように法律で定められているかというと、地方自治法の中で「特別地方公共団体」という章がありまして、この中に東京の特別区が規定されています。「都の区は、これを特別区という」と書かれています。特別区は特別地方公共団体なのです。

自治体の種類としては、もう一つ、普通地方公共団体があります。都道府県や市町村のことです。このうち、市については「市に関する特例」という項目が地方自治法にありまして、この中に「政令指定都市」や「中核市」や「特例市」が書かれています。この市に関する特例制度の中に含まれている大きな都市の制度も大都市制度であると言うことができます。その最も巨大な都市のことを「政令指定都市」といい、ここで言えば大阪市とか堺市です。今は全国に19もあります。いまでは、50万以上、30万以上、20万以上というように、もっぱら人口規模で認めていまして、国が基本的な政策を何も持たないまま、人口が集中した自治体を特例的な扱いにするという運びになっています。

したがって、今日、皆さん方には、市に関する特例制度をどうするか、特に府との関係をどうするかということですが、もう一つの大都市制度である都区制度がどのように成り立っているかをお話しすることになります。

現在、東京の特別区は23区です。都区制度の前は、東京市があって、東京府があって、東京市は15区に分かれていました。１９３２年に、当時の東京市は周辺の32の町村を吸収合併して、大東京市になりました。

当時は、東京市の議員は国会議員を兼ねられることができましたので、、東京府よりも東京市のほうが偉かったのです。先ほど話しに出ましたように、戦時体制の一環として、帝都防衛論とも重なりまして、当時の東京府と東京市を廃止して東京都をつくるということになりました。

当時の東京府が形としては東京市を吸収して集権的な体制をつくったということが一般的な理解ですが、実際は大東京市が東京府の中に入り込んでいって、東京府を内からからめとったという面があるのです。東京市はなくなったのですが、その代わりになった自治体のことを現在は23特別区と呼んでいるのです。

お隣にいらっしゃいます柴田先生は東京都庁に入って企画調整局長をおやりになっている。実は都道府県の中で基幹的な組織として局があるのは東京都だけです。なぜならば、東京市が入り込んでいって局制度をつくったからです。柴田先生はそれのシャッポをやった先生です。つまり、戦時体制で作られた東京都と呼ばれる組織でお仕事をされた先生です。

戦後いろいろな改革が行なわれたときには東京都の内には35区ありましたが23区に集約し、それ以降変わっていません。したがって、都区制度において「大都市地域」と名指しされるところは23区が存する区域のことを意味します。

ところが、社会経済的な実態ははるかにこれを超えてしまっています。東京都には、23区と呼ばれる旧東京市の地域以外に市町村があります。市でいえば多摩地域のことです。23区が人口は約850万人です。多摩地域が約450万人です。当然ながら、多摩地域は東京都から独立分離しても十分に県となるだけの規模と実力を持っています。そういう地域です。これが合体していますので、現在1300万人です。巨大で、まだ人口が増えています。そういうところで23区をどう考えていけばいいか、それがずっと懸案事項でした。

実は、東京市をのみ込んで集権体制としてつくられた東京都は全然安定しないのです。どうして安定しないかというと、23区は都から独立したい、ずっと東京都は責め立てられ続けているからです。橋下さんは「大阪都」をつくると司令塔が一本になるとおっしゃってますが。そんなことはあり得ません。幻想です。石原慎太郎知事は強そうに見えますが、あの人が司令塔一本で全部仕切るなんてことはやっていません。あの人はそう見せているだけです。特別区が東京都とちゃんと協議していろいろなことを決めているのです。協議というのは基本的に対等の立場でやるのです。

2　都区制度のからくり

私自身は都区を廃止すべきだと言っているわけ、23区は東京都から独立したらどうかと提案しています。東京都制廃止論です。30年かかって、少なくとも特別区側は、やっとその方向を目指そうとしているのです。それなのに、何をお考えになったか知らないけれども、廃止しようとしたものを大阪はこれからつくるとおっしゃっている。これはもう時代錯誤だと思います。

図1を見てください。東京都の仕事とは一般的に府県の事務を行なうことになっています。自治体は広域自治体と基礎自治体に分かれていまして、これを「二層制」と言っています。一番上に東京都がやる事務があります。普通は、どこの府県でも、当たり前のことですが、府県に託されている事務に必要なお金は府県の財源、都道府県税でまかなうことが基本です。府県分の住民税、事業税、今は消費税の一部が来ていますので地方消費税等で都税が賄われているわけです。これだけで今、都には2兆3600億円あります。巨大な規模ですが、これだけならば普通の県と同じです。からくりはその下にあるのです。

下のほうに「一般的に市町村事務」と書いてあります。特別区がこの仕事をするためには特別区に税金がないとできない。下に「区税等」と書いてありますが、個人住民税、地方消費税、交付金の一部が

図１　都区間の税配分の特例と都区財政調整制度の概要

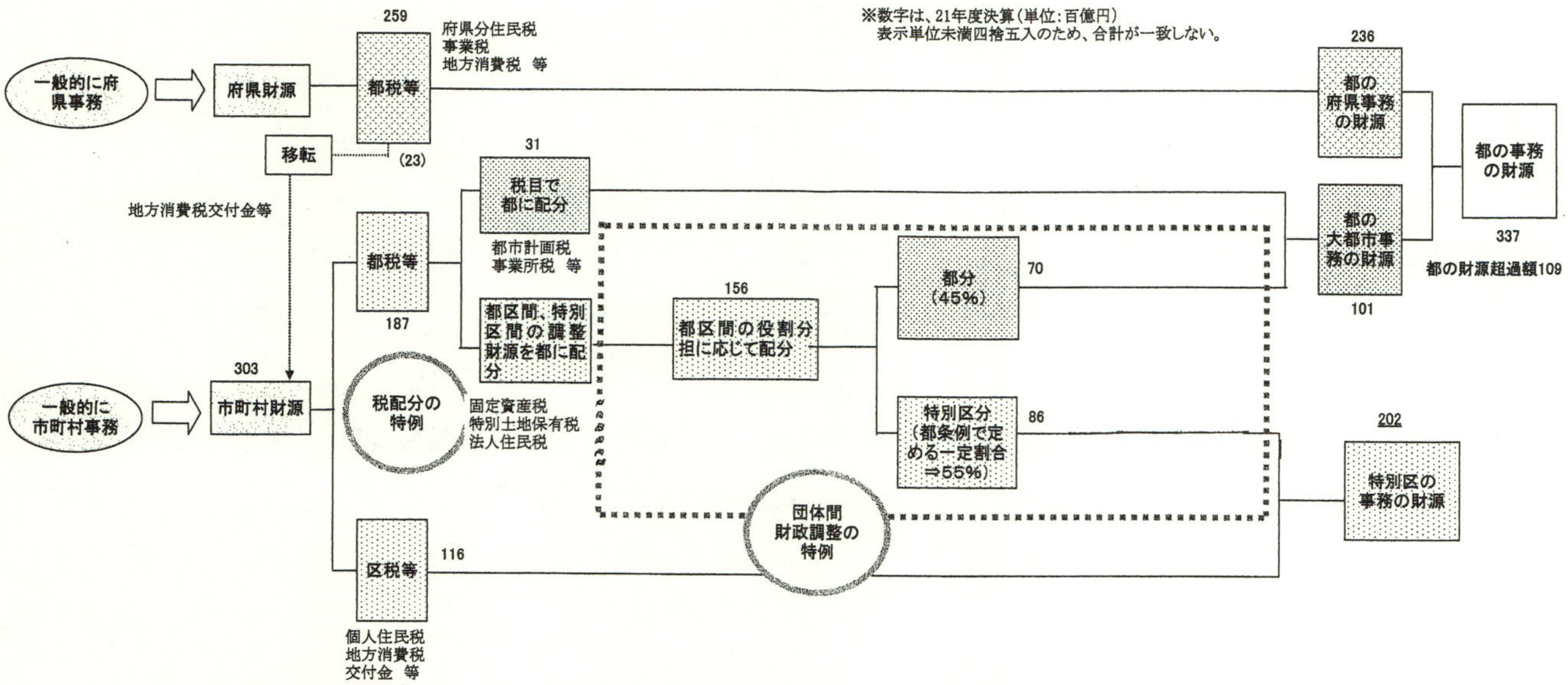

事務配分の特例＝大都市地域の行政の一体性及び統一性確保の観点か から、都が一体的に処理すつ必要がる事務＝消防・救急、上下水道、都市計画等
地方交付税算定の特例＝都区合算算定

特別区協議会資料、大森一部改変

入っています。総額で1兆1000億円ぐらいあります。ちなみに、23の特別区は保健所や人事委員会の権限をもち、市を越えている面があります。からくりはどこにあるのか。現行制度では、普通の市であるならば、市が単独でやるか、市同士が協力してやる仕事のうち、消防・救急、上下水道とか都市計画の一部を23区に代わって東京都がやっている仕組みになっているのです。

それがどのように法律上扱われているかというと、23区の区域を法律上は大都市地域として規定します。この地域の行政の一体性および統一性を確保する観点から、23区に代わって都が処理するという規定の仕方になっているわけです。そうすると、当然ながら東京都は特別区に代わって普通の市の仕事をしているわけですからお金が必要です。これを府県税でやることはない。したがって、特別区に本来入る税金の一部を都税として徴収して使うという仕組みをつくっているわけです。

「都税等」1兆8700億円と書いてありますが、このうち税目だけで東京都の税になっているものがあります。まちづくりの基本的な税である都市計画税、事業所税は都税です。これはすごいことです。それだけではなくて、実は区税に当たる部分のうち、固定資産税、特別土地保有税、法人住民税は、これも東京都の税として東京都が徴収している。しかし、この3税については、ある基準で東京都と特別区で配分することになっています。

これをどの比率で配分するかは事前協議をやった上で、東京都の条例で定めます。現在は都分が45%、特別区分が55%になっています。これがずっと安定しませんで、毎年この比率をめぐって政治的な協議をやってきているわけです。これで大げんかするわけです。それで、私どもは毎年こんな大げんかをするのは無駄だから、どこかで安定させるような仕組みをつくったらどうですかと言ってきています。

一番右側を見てください。都が府県事務の財源として使っているお金プラス45％の部分が、都が23区および多摩地域で一般的に大都市事務として使っているお金で、これが1兆円を超えているわけです。この1兆円という収入は、普通の都道府県の一般会計の規模です。東京都には、府県税としての都税以外に、この大都市の事務を行なうために1兆円が毎年歳入されるのです。これがすごいのです。

どうしてこんな歳入が東京都にあるかというと、基本的には固定資産税と法人住民税が23区の中心区に集中してあるからです。なぜかというと、それは戦時体制のときに国が強制的に本社・本店を東京に移させたからです。これがずっと続き、しかも大阪のような場合は戦後もまた大企業が東京に出ていってしまった。したがって、この全体のからくりは何で担保されているかというと、特別区の中の都心区と呼ばれるところに巨大な税金があるからです。本社・本店のような大きな企業が集中して、その企業の人たちが出している税金が集中してあるのです。

ということは、どういうことになっているかというと、23区間を比較すると裕福な区と貧しい区が並列しているわけです。しかも、地域の実情が違います。当然ながら、本音のところ、23区は仲は良くないわけです。中心区、例えば千代田区・中央区・港区のようなところは、もともと市税相当分が入ってくれば巨大な税収になるわけです。全部個別にやると相対的に貧しいほかの区は収入が減ります。ですから、今、23区間でもみんな我慢しながら助け合っているのです。その基本的な条件は、本社・本店のように巨大な企業が稼いでいるお金がここに集中しているからです。だから、この制度はもっているのです。この条件は大阪にはありません。貧しい同士が集まって「大阪都」が吸い上げていったら、周辺はどうなりますか。よくお考えになったらどうですかということが一つです。

もう一つは、私は長い間、特別区側に立って、いかにして戦前の集権体制を終わらせるかということをずっと議論してまいりました。わかりやすい例で言うと、東京都知事がどうしてオリンピック誘致ができると思いますか。あれを誰も疑わないでしょう。オリンピック憲章で都市が開催すると書いてあるのです。都市が開催する、その開催の主体というのは都市自治体のことでしょう。でも、日本は東京都知事がオリンピック誘致を言うのです。なぜか。都知事は東京都知事だけれども、東京市の市長でもあると思い込んでいる可能性が十分あるのです。東京都の中には、なくなった「大東京市」が息づいている。バーチャルな東京市です。だから、福岡市と東京都が争って、東京都が勝ち名乗りを上げてオリンピック誘致をした。おかしいと思いませんか。フェアではないでしょう。

もう一つわかりやすいケースで言うと、当初、東京市があったときには国は大都市、特に東京市を非常に警戒していたのです。だから、市の自治は認めなかったのです。したがって、当時の東京市は何とかして自治体として自立したいと運動しまして、ついに普通の市と同じような扱いを受けるようになったのです。それが10月1日だったのです。皆さん方はおそらくご存じないかもしれない。現在の東京「都民の日」は10月1日です。実は、東京都が成立したのは7月1日です。それが「都民の日」ではなく、もともと東京市の自治の記念日を「都民の日」にしているのです。東京都というのは、これを平気で使うような鈍感なところがあるのです。

東京都が広域自治体なのか基礎自治体なのか、それが曖昧なまま、基礎自治体を包み込んでいますので、ずっと不安定で、最終的には私どもが言っているように都制は間違いなく廃止の運命にあるのです。23区は仕事を東京都にお願いする必要はない。税金も全部23区で使います。それでどうですかと言っているのです。当然ながら、東京都はオカンムリですよ、一兆円もの「おいしい」仕組みは維持したいですから。

大阪にはそんな好条件があるはずないじゃないですか。今日はそのことを言いに来ました。よく点検していただいたらどうでしょうか。

3 「大阪都」構想は大阪の敗北宣言

「大阪都」という言い方が出てきたときに、私が最初に感じたことは、これは最終的に大阪の敗北宣言なのではないかということです。せめて大阪ぐらいは都（みやこ）志向はやめてくれ、大阪が大阪であり得るためには、宮本先生がおっしゃっているように、東京なんかをモデルにしてはならないじゃないですか。これは決定的な敗北宣言なのではないか。都区制度をモデルにして大阪の仕組みを改革するなんて、何ら斬新なアイデアではない。橋下知事は威勢がよさそうに見えますが、基本的にアイデアのない人です。この発想は貧しい限りです。私は東京生まれ、東京育ちですけど、都区制度なんていっぱい問題を抱えていて、なぜそれがモデルになるのですか。

「大阪都構想」は大阪の最終的な敗北宣言です。この限りで言えば、大阪はもう浮上しません。（笑い）都区制度ではないような新しい構想が大阪から出るぞ、東京は座視していてはならないなと思わせてください。なぜ精神がこんなになえているのですか、と私は思います。

もう一つ、加茂先生がおっしゃった話はとても重要です。現職の首長さんが自ら地域政党を率いて、しかも議会をバッシングの対象にして議会の多数派を獲得するのは、地方自治の歴史の中で初めてです。これは要注意だと思います。この動きがどのぐらい拡がるかどうかわかりませんが、皆さん方の中にも例えば議会の人数は多いから半分にせよ、大幅に縮減せよということに賛同している人がいるのではないですか。実は通るかどうかわかりませんが、国は地方自治法の改正案を出しておりまして、議員定数の上限規定を廃止することになっているのです。

ということは、議員さんが本当はどういう役割を負っていて、何人ならばいいのか、したがって、この人たちにどういう報酬を出すべきかということを自治体ごとに自分たちで考える時代を迎えようとしているのです。議員定数を半分にする根拠なんか何もないのです。ところが、これが受けるのですよ。

なぜ受けるのかというと、皆さん方の中に「どうも議会はロクなことをやっていない、人数も多いんじゃないか」と疑い、議会のほうもそう思わせてきてしまったからです。議会は隙を突かれているのです。

そのことはともかくとして、地域政党を作って、その候補者で議会の多数をとって「大阪都」を実現しようとすれば、それは、中央政党に系列化している既存会派と激しく対立しますから、民主党や自民党など中央政党は、この関係の法律が出ても通さないでしょうね。「大阪都」制度は実現しません。ですから、安心して大丈夫です。(笑い)

しかし、三大都市圏の大都市における自治のかたちをどうすればいいか、都区制度も含めまして、それがずっと改革課題であり続けている。したがって、こういう機会に「大阪」と呼ばれる巨大都市における自治の姿を、皆さん方は本当はどうしたいと考えているのか、そのことを本格的な検討に入るべきではないかと思います。私は都区制度の廃止論ですが、皆さん方もどうすればいいかということを考える。危機が来ているのですけれども、これをチャンスに変える以外にない。

最後に、橋下さんと対抗できるような候補者を立ててくださいよ。(笑い)互角に戦う人がいれば、いろいろなことがわかるようになります。あの人に独走させてはならないと思います。政治的なリーダーの姿としてよくない。地域社会では、いろいろな利害や意見が複雑に存在しているのです。それをどういうふうにして一つにまとめていって、地域に求心力をつくるか、統合を図っていくか。それこそが知事に期待されている能力じゃないですか。分裂と対立をこのようにつくってどうする気でいるのですか。こんな人に本当に将来を託していいのですかと、そのことも付言しておきたいと思います。（拍手）

※参考文献：村上弘「『大阪都』の基礎研究―橋下知事による大阪市の廃止構想―」（『立命館法学』2010年3号（331号）、今井照「東京都区制度から考える『大阪都』構想（大阪市政調査会『市政研究』169号、2010年秋季）、高寄昇三『大阪都構想と橋下政治の検証―府県集権主義への批判』（公人の友社、地方自治ジャーナルブックレットNo52）、大森彌「『大阪都』構想と都区制度」（『自治実務セミナー』2010年5月号、巻頭言）。

大都市制度と「大阪都」構想

木村　收（元阪南大学教授）

私は長く大阪市で勤めておったものですから、こういう問題に発言することになると、皆さんからつい色目で見られるわけです。正直なところ、私はこういう場でこの府市再編の問題について発言する機会は大阪では全然ありませんでした。

私の考え方はレジュメで示していますが、そのなかから数点に絞って客観的立場で説明しますのでよろしくお願いします。

1　背景

市は市域、府は市域外

「市は市域、府は市域外」という役割分担は、かつて大阪府知事の左藤（義詮）さんと大阪市長の中馬（馨）さんの時代に「内野外野論」とも言われました。市域内については市が中心になってやる。府は市域外をやる。ちょうど万博を両方一緒にやり遂げた高度経済成長期、お互いが協力しながら、街づくりを仕上げていった。

しかし、この役割分担は都市行政中心のことでありまして、本来であれば府が都市行政にそんなに深入りしなくていいわけです。

ところが、当時の急激な人口増は大阪都市圏も例外ではありません。高度成長期には急激に人口が膨らむ。そしてスプロールが進む。こういう状態の中で、府下の周辺の都市では急激な人口増が起こったわけです。大阪市域内には、その流入人口となってはね返る。ということで、やはり大変な都市問題が発生いたしました。この時期に、周辺の都市での都市行政がまだ十分に熟していない中で府政がカバーした。これはある意味で高く評価されることであると思います。

しかし、この高度成長も終わって安定期に入ってきますと、府の役割は終わってきた。千里を開発し、泉北を開発したあとは、これは企業局の事業ですから地元にみんな財政負担は下りていくわけです。こういう格好になって役割がだんだん減っていったわけであります。その減っていく過程においては、なお新たな展開を関西空港周辺から大阪湾岸部に向けていろいろやられた。しかしバブル崩壊とともに企業局事業は破綻し府の財政状態もひどく悪くなっていったというのがこれまでの展開であります。

こうして府の都市行政での役割は終わったのです。今回の「大阪都」案の裏には、どうも橋下知事は知事になって2年たって、よくよく見るとあまりやることがないじゃないかという思いがあるのではないか。基本は警察であり教育なので、そこらをしっかりやってもらったらいいわけで、都市行政を府がそんなにやることはないと思います。

よくいわれているのは地下鉄をよこせ。地下鉄を市外に無限に広げてどうするんですか。あるいは高速道路淀川左岸線の問題、あたかも大阪市が元兇で、これができないのは政令都市制度が悪いという言い方になっておりますが、あれは市の負担だけで１３００億円のお金がかかる。本来、公団で実施する予定のものが、ある日突然、公団の仕組みが変わって大阪市でやれということになっている。これは財政的な問題、あるいはトンネルを通っていくわけですが、そういう事業の優先度を市民がどう考えるか。そういう課題の中で解決すべき問題であって、大阪都がやれば即解決するという問題ではないことはいうまでもありません。

流布されている二重行政・二重投資論

これに関してはたくさんの事例が挙がっておりますが、ためにする議論が非常に多いと思います。例えば大阪府下に図書館はいくつあるとお思いですか。135館あります。43の市町村の中で135の図書館があって、そのうち132が市町村立であります。大阪市には中央図書館のほか各区にあります。市民の皆さんはよくご存じだと思います。私も近所の区の図書館に行きますが、あの図書館は貸本屋のような図書館です。しかし、それでもたくさんの高齢者の方、あるいはお母さん方が子どもを連れて来ておられる。多々ますます弁ずという状況である。

念のために言いますと、府立図書館は東大阪市に主力が移りました。その東大阪はどうですか。市立の図書館が4館あります。そこに府立図書館がある。誰もそれについて二重だと言わない。そういうものです。多々ますます弁ず。それぞれ特徴があることをやればいいということであります。

体育館は府下にいくつありますか。府立の体育館のほか大阪市には中央体育館があります。全体では140館あります。市町村立の体育館が127ある。この余暇時代はこういう施設はニーズとして大きい。皆さんが利用されている。これは一例ですが、それをとらえて単純に二重行政論を展開するのは誤りであると思います。

図1　市域内税収

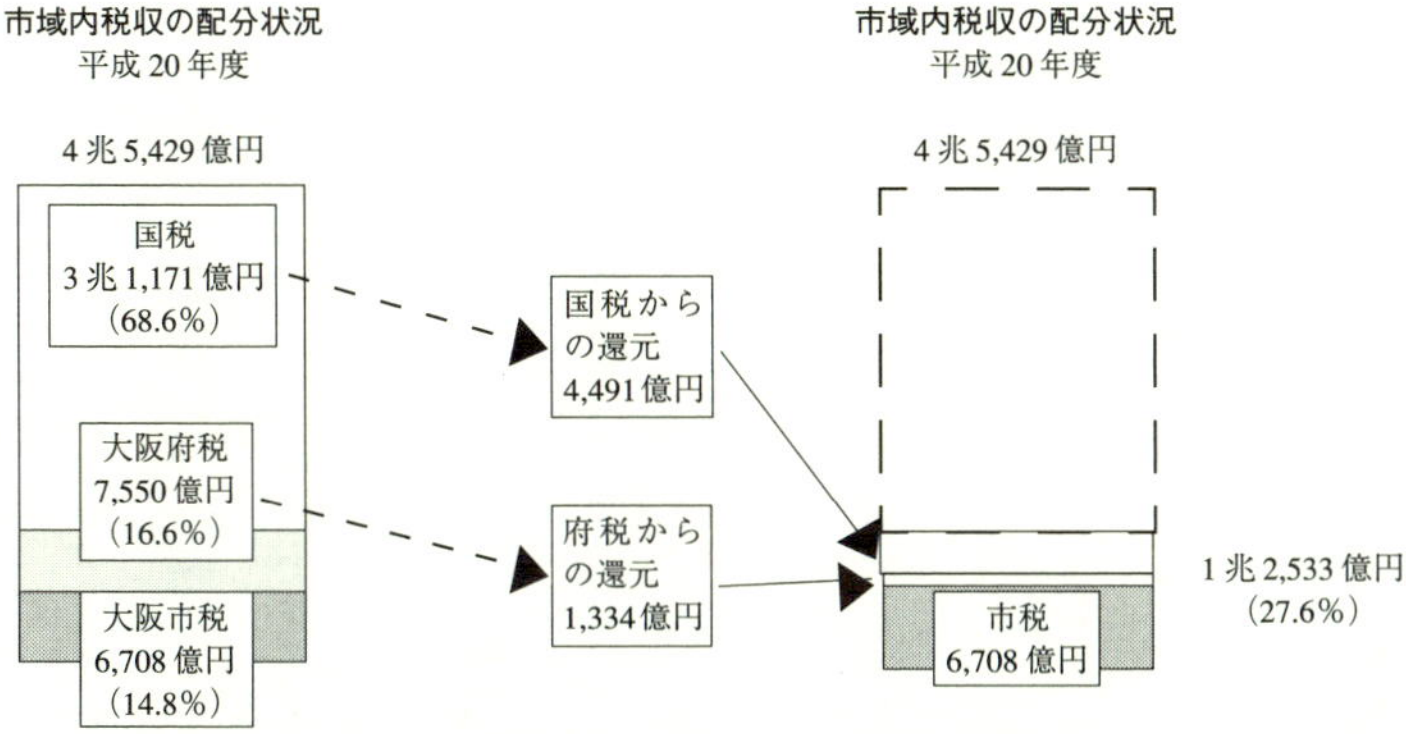

大阪市域内税収の還元額（平成20年度）

区分	市域内税収額①	還元額②	還元率②／①
国税	31,171	4,491	14.4%
府税	7,550	1,334	17.7%
（計）	38,721	5,825	15.0%
市税	6,708	6,708	100.0%
合計	45,429	12,533	27.6%

大阪市『饅頭のあんこ』論

最初の頃、橋下さんはよく言っていました。大阪市は饅頭で言えば「あんこ」だ。ものすごい富がある、それをみんな大阪市が抱え込んでいるじゃないか。こういうことを言っておられました。これは大きな誤りであります。**図1**は、大阪市域内税収の表です。平成20年度、大阪市内で4兆5000億円の税金が納められております。このうち大阪市税として帰属するものは14・8%、約15%です。大阪府は、この大阪市域内から16・6%、市税よりもたくさんの税収を吸い上げているわけです。税収の配分から言うと、府税はそのようにたくさんの税収を上げています。しかし、府は政令都市だからといってあまり大阪市域では差等補助問題に象徴されますように使いたがらないという問題があります。もちろん、この中から警察とか教育のお金として市域に還元されているものもあるわけです。

その下の「市域内税収の還元状況」は制度的に税金から交付金や補助金というかたちで還元されているものもあります。例えば地方消費税の半分は交付金で市町村に還元されたり、国税から補助金が来たり交付税が来たりします。それらを含めて27・6％。それでも還元率は28％という状況です。

もう一つ、例をあげると税制の問題です。例えば個人の住民税は勤務地で課税するのか、居住地で課税するのか。これは基本的にいろいろあります。アメリカではフィラデルフィア市のように通勤者

表1　納税者1人当りの個人市民税額（大阪府下）平成20年度

順位	都市名	個人市民税額（1人あたり）(円)	大阪に対する倍率（倍）	大阪市への通勤率（%）
1位	箕面市	181,384	1.48	26.0
2位	吹田市	167,076	1.36	36.0
3位	豊中市	163,185	1.33	32.5
4位	池田市	153,565	1.25	25.5
5位	大阪狭山市	142,700	1.16	25.6
13位	高石市	126,610	1,03	26.1
14位	和泉市	124,489	1.01	26.4
15位	八尾市	123,514	1.00	26.4
16位	大阪市	122,912	1.00	
17位	藤井寺市	122,199	0.99	28.6
（参考）	芦屋市	273,503	2.23	29.3
	西宮市	178,862	1,46	25.7
	生駒市	168,395	1.37	32.3

に課税しているところもあります。しかし、日本では地方税法で交通整理がされていて住所地があるところで課税する。ということで、大阪市は納税義務者1人当たりの市民税額でいきますと、表1にありますように府下の市町村で16位であります。1位は箕面市で、その箕面から大阪市への通勤者は26％です。要は大阪市内は確かに饅頭かもしれませんが、その饅頭の配分はすでに大阪市にはあまり入らないおはぎのような構造になっているわけで都市的税目が大都市へ配分が少ないことが税制として大きな問題点です。

ちなみに、先ほど府内総生産の話がありましたが、属地ベースの府内総生産の中から属人ベースの市民総所得に帰属する割合は69％。すなわち、市内で生み出された富を所得として見ると69％だけが市内にとどまる。残りは通勤者等が居住地に持って帰られる。同じ大都市でも横浜市辺りは、これが117・4％で、東京からしっかり税源を持って帰っている。こういう構造上の違いもあります。したがって、『饅頭のあんこ』論は非常に皮相で感覚的な見方であると申し上げておきたいと思います。

2　大阪維新の会・マニフェストの欺瞞性

現在地方自治法は、地方自治体を府県と市町村の二層制として、それぞれの役割がきまっています。大阪都は、その例外をつくっていくということです。現在政令市など事務権限の特例はありますが、大阪都制度の実現にはまずこの法律を変えなければならない。あるいは、大阪だけの特例となると住民投票が要る。こういう問題があるわけです。

大阪維新の会の「マニフェスト」の最後に「改革工程表」が載っています。これを見ますと、非常に簡単にトントントンと平成27年にはもう実現しそうな工程になっているわけです。こんなに簡単にいくはずがない。そこへいく前に地方自治体の合意が必要であり、さらに例えば大阪市を解体してどのような特別区をどう区割りしてつくるかが大問題です。

皆さん方に思い出してほしいですが、大阪市では分合区をやりました。その分合区がどのぐらい時間がかかったか。合区の提案から合区まで17年の歳月を要しております。そのあいだ、地元説明会とか、いろいろな検討会を重ねて17年かかって市議会の議決があり、議決があってさらに説明会、協議会が数多く重ねられて１９８９年にやっと新北区・中央区が発足している。

今度の特別区問題というのは合区の比ではありません。合区は中で調整するいわば区を合わせるだけの話です。ところが、今度はいわば割算でみんなが独立した基礎自治体ですから、このためには人・物・金、さらに借金・資産さらには無形の市政力そういうものも含めてそれぞれの基礎自治体にどう分割するかという問題があるわけです。それだけでお互いにやり取りをしていたら、10年15年かかる。その間の大変な地域の停滞ははかりしれません。

かつて合区審議会では、例えば南区と天王寺区と浪速区を合区するという案もありました。あるいは、福島区と此花区、東区と東成区を合区する案もあった。しかし、結果は皆さんご承知のように、当初と全然違う形で最終的にはなったわけですね。机上の線引きで案が示されたことがありますが、実現可能な案をつくるだけでも大変な労力が要るわけです。そういうことをまったく無視して、あたかもすぐにできるかのようなかたちで説明し政治闘争に持ち込んでいる。これは納税者を欺瞞する以外の何物でもないと私は思っております。大変難しい問題であり、大阪市を解体・分割ということは考えてみてもわかることですが大変であります。そのことだけ申し上げたいと思います。（拍手）

「大阪都」構想と自治体財政

森　裕之（立命館大学教授）

立命館大学の森と申します。よろしくお願いします。

先ほども柴田先生、大森先生から東京都の実情のお話をいただきまして、特に大森先生からは「貧乏な大阪で、本当にやる気なの?」という非常に重い問題提起をいただきました。大阪市、堺市、そのほか全部で11の市が「大阪都構想」の対象として挙げられていますが、そこが「都政」になった場合どうなるのか。それを大雑把に試算してみました。そこから「本当にこれでやる気なの?」ということを、私は大阪の人間として皆さんと考えてみたいと思っております。

1 「大阪都」構想

「大阪都構想」において、マニフェストの中ではっきりと出ているのは大阪市、堺市です。つまり政令指定都市を廃止して特別区にするということです。大阪維新の会のホームページを見ますと、「大阪都構想」については上山信一先生の『大阪維新』という本を読みなさいと書いてあります。そこで、それを読みますと「大阪都構想」は大阪市と周辺市を人口30万人規模の「特別区」に再編する。では、周辺市とは何かというと、堺市、豊中市、吹田市、守口市、八尾市、松原市、大東市、門真市、摂津市、東大阪市です。

これらの市から反対の声が出てこない。吹田市長が反対と言ったとか、小さなレベルでちょっと聞くぐらいでほとんど声が上がっていない。声が上がっていないのは、都政になったほうがいいと思っているのだろうかと考えながら財政のシミュレーションをやってみました。

東京都の特別区というのは基本的には「市」と同じで、基礎自治体です。基礎自治体がやるべき業務、先ほどの例で言うと消防とか上下水道を都が行なうので、そのための財源を都に拠出しなさいという仕組みになっているわけです。つまり、事務配分があって金を出しなさいというのが東京都政の仕組みになっているのです。

「大阪都」の場合はどうなのかよくわからない。何をやるのかが出ていないわけです。

マニフェストを見たら、生活保護は、できるかどうか知りませんけど、都でやってもいいよと言っている。国保についてもやっていいよと言っているけれども、そのほかの事務配分についてはわからない。そして何よりも財源配分についてはまったくわからないわけです。つまり、たとえ仕事を形式上分けたとしても、それらの金の負担をどうするのかまではよくわからないわけです。

大阪府自治制度研究会も最終報告を出しているのですが、制度が既存の制度だけではなくて新しい仕組みをいっぱい取り入れるような形で、これでできるのか、あれができるのか、と指摘しているようにみえます。それらを見ていても、そんな簡単に済むのではないだろう。そういうことを考えると、とりあえず今の東京都政の仕組みをそのまま「大阪都」に当てはめて議論するのが出発点としてはいいだろうと思ったわけです。

2　大阪の財政状況

先ほど報告がありました東京都の財政制度を大阪に当てはめてみたのが、**表1**です。東京と重大な違いがあります。東京はお金持ちです。専門用語で言うと、地方交付税の不交付団体です。日本の地方自治体については、それぞれの地域ごとに必要な行政サービスを、国が「あなた方の最低限の行政サービ

表１

大阪の財政状況

・大阪府は毎年約3,000億円を国からの地方交付税等に依存。

・同様に、大阪市約400億円、堺市約300億円、豊中市約40億円、吹田市約10億円、守口市約60億円、八尾市約90億円、松原市約80億円、大東市約30億円、門真市約60億円、摂津市約10億円、東大阪市約200億円をそれぞれ地方交付税等に依存（大阪府と 都市自治体はすべて交付団体）。

・地方交付税算定は「大阪都全体」（＝都＋特別区）による。

・都市自治体の地方交付税までもが大阪都に吸い上げられる可能性がある。

・大阪府自治制度研究会では、地方交付税制度、「搬出金」、「共有税」、「水平調整」など、いくつもの制度を加味した検討を実施（成案はなし）（→地方交付税の維持が前提）。

シミュレーション（東京都をベースに試算）※地方譲与税については計算外。

（１）都市自治体への影響

・全体として市税の約３分の１が大阪都に移管される。

①大阪市

・2,710億円の税収吸い上げ（＋地方交付税の吸い上げ）

cf. 民生費5,490億円、土木費2,650億円、教育費1,150億円、衛生費1,120億円、公債費2,150億円、国民健康保険会計への繰出437億円

人件費2,570億円、扶助費3,850億円、普通建設事業費1,240億円

②堺市

・440億円の税収吸い上げ（＋地方交付税の吸い上げ）

cf. 民生費1,150億円、土木費470億円、教育費280億円、衛生費240億円、公債費320億円、国民健康保険会計への繰出64億円

人件費590億円、扶助費770億円、普通建設事業費340億円

（２）「大阪都」による財政改善

・市税の吸い上げ：4,300億円

・地方交付税の吸い上げ：＋α億円

スはこれだけだよ」と決めています。私はよくペットボトルを使って説明するのですが、例えば大阪市のペットボトルの大きさはこれだけだ、大阪府のペットボトルの大きさはこれだけだという形で、自治体ごとにペットボトルの大きさ、つまり行政需要の大きさが試算されるわけです。それに対して税金がどれだけあるかが中身の水です。この水があふれていっぱいあるというのが東京です。国から何らお金が補填されなくても、一応国が考えている行政サービスはできますという仕組みになっている。

では、大阪はどうか。これはもうとんでもない話でありまして、大阪の場合はこのペットボトルの水が少なすぎる、つまり税収が少なすぎるのです。だから、毎年、国から膨大な地方交付税というお金を入れてもらわないと行政サービスができないという構造になっているのです。金額で言うと、2008年度までのデータでちょっと古いのですが、大阪府は毎年度3000億円ぐらい国から地方交付税をもらわないとやっていけない。大阪市も400億円ぐらい。来年度と今年度は1000億円になっています。国から1000億円の地方交付税をもらわないと、もうやっていけない。吹田市はペットボトルの水があふれるか足らないかというぎりぎりのところにいつも行くのですが、堺市にしろ守口市にしろ、ほとんどの自治体は常に水が足らないという状態になっているわけです。これが実は大阪と東京の非常に大きな違いなのです。

これが何を意味しているかというと、東京都の特別区を見た場合、特別区は、都市計画税、固定資産税が都に召し上げられるということになりますが、大阪の場合は国から入ってくる地方交付税も「大阪都」に吸い上げられるという構造になってしまうのです。市町村から見たら、東京以上に財政が逼迫する可能性が高いと思います。このことのメカニズムをもう少し説明したいと思います。

行政需要の大きさを示すペットボトルがそれぞれあります。大阪府は大きいし、大阪市も大きいし、松原市はちょっと小さい。いろいろあるのですけれど、その中に不足している水を国が直接加えている状態になっている。それで各市の行政が1年間できるという仕組みになっています。ところが、都区制度になったら、「大阪都庁」と内部の特別区のペットボトルの水の不足が全部一括して計算されます。つまりペットボトルのばらばらの不足分が、「大阪都庁」に一括して国からお金が交付されるのです。それをどう配分するかというと、この時点ですでに国の手を離れていますから、「大阪都庁」が決めることになります。では、都が各特別区に対してこれらのお金をたくさん入れてくれるのかというと、それはないでしょう。だから、税金は持っていかれるし、国からの交付金も持っていかれるというのが大阪都による財政の召し上げのメカニズムです。

3　大阪都・区の税源配分シミュレーション

東京都の制度を入れた場合の大阪都・区の財政のシミュレーションをやってみました（図1）。左側の「府税」は大阪府税で、これが大体1・3兆円ぐらいある。右側に11の市の税金を全部足し合わせたも

図1　大阪都・区の税源配分シミュレーション（2008年度決算）

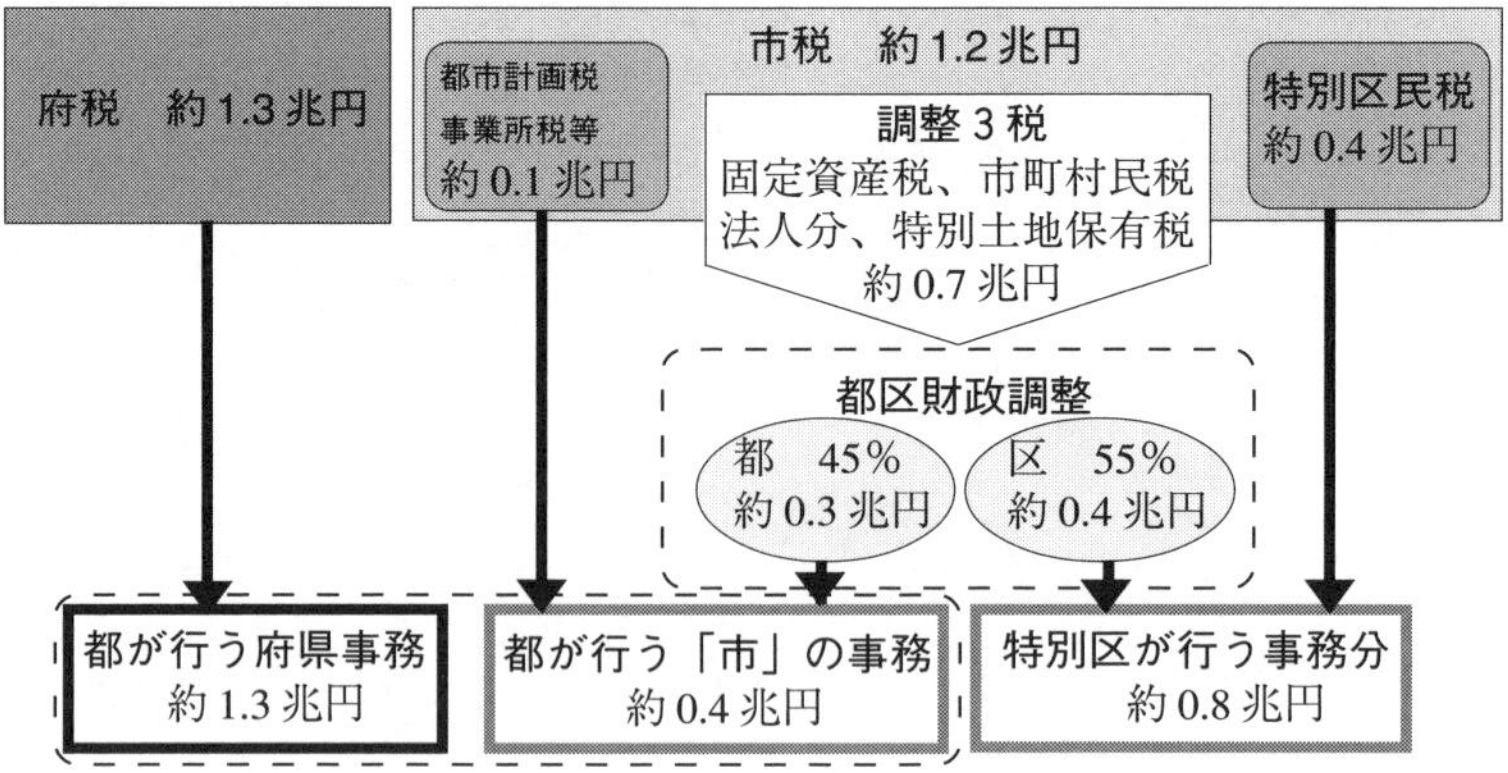

表2　「大阪都」による都市自治体の税収マイナス効果）（単位：千円）

特別区	大阪市	堺　市	豊中市	吹田市	守口市	八尾市
市税	670,787,495	132,440,557	65,641,181	65,257,249	23,556,072	41,055,363
調整交付金（都分）	190,468,925	29,773,377	12,543,091	13,230,228	5,468,117	9,235,725
都移譲対象税	80,754,906	14,547,537	6,801,991	6,866,135	3,249,650	3,760,656
特別区税	399,563,664	88,119,643	46,296,099	45,160,886	14,838,305	28,058,982
特別区の税収マイナス影響	271,223,831	44,320,914	19,345,082	20,096,363	8,717,767	12,996,381
特別区	松原市	大東市	門真市	摂津市	東大阪市	市合計
市税	14,609,502	20,246,083	19,887,428	19,731,737	79,765,759	1,152,978,426
調整交付金（都分）	2,983,504	5,146,389	4,897,662	5,175,779	18,269,124	297,191,919
都移譲対象税	1,329,751	1,763,842	1,943,532	1,718,781	9,670,117	132,406,898
特別区税	10,296,247	13,335,852	13,046,234	12,837,178	51,826,518	723,379,609
特別区の税収マイナス影響	4,313,255	6,910,231	6,841,194	6,894,560	27,939,241	429,598,817

表3　市税に対する特別区税の割合

市税に占める特別区税の割合	大阪市	堺　市	豊中市	吹田市	守口市	八尾市
特別区税／市税（%）	59.6	66.5	70.5	69.2	63.0	68.3
市税に占める特別区税の割合	松原市	大東市	門真市	摂津市	東大阪市	市合計
特別区税／市税（%）	70.5	65.9	65.6	65.1	65.0	66.3

のが大体1・2兆円ぐらいある。先ほど大森先生から説明がありました都市計画税とか事業所税が「都税」に行ってしまうだろうということで0・1兆円がそのまま下に落ちてきています。「特別区民税」は市税の残りですが、その0・4兆円は特別区がそのままやる事務に充てる税として下りてくる。

真ん中の調整3税は固定資産税等です。固定資産税は言うまでもなく都市自治体にとっては最も重要な税源でして、大阪市でも大体6000億円の税収のうち3400億円ぐらいが固定資産税という、それぐらい大きな税です。あと、市町村民税の法人分、特別土地保有税を加えて0・7兆円ですが、これを東京都と同じように都に45%、区に55%と分けるとそれぞれ0・3兆円と0・4兆円の配分になります。

そうすると、大阪府が「大阪都」になった場合、「都税」は1・3兆円が1・7兆円ぐらいにお金が膨らみます。市のほうは特別区になったときは、1・2兆円あったものが0・8兆円に激減してしまいます。これを個別の自治体ごとに見たものが**表2**になります。「特別区の税収マイナス影響」を見ていただきますと、例えば大阪市の場合2700億円の税金が「大阪都」に吸い上げられるということになります。堺市の場合は440億円が「大阪都」に吸い上げられるという状況になります。これを、各市の市税に対する割合で見たものが**表3**です。平均で見たら66・3%の税しか残らない。つまり、きれいに3分の1の税金が持っていかれるわけです。少ないところでも3割の税金が持っていかれる、多いところでは4割の税金が持っていかれるということになってしまう。

一方で、大阪府の場合はどうなるのかを見たものが**表4**です。府税が1・3兆円あるのですが、これに0・4兆円のお金が入ってきますので、府税が33・5%増えますという話です。これは、大阪府からしたらものすごくおいしい話です。これだけのお金がどれだけの規模なのかを、実際の自治体の行政費目と照らし合わせながら見てみたいと思います。

表1に戻っていただきます。大阪市についてですが、先ほど言いましたように税だけで2700億円持っていかれるわけです。地方交付税も相当もらっていますが、それは吸い上げられる可能性があるということで留保する必要がある。大阪市がやっている行政費目のお金がどれぐらいかかっているかを見ると、生活保護や児童福祉などの民生費が5490億円ぐらいです。生活保護だけで2900億円ぐらい。つまり、2700億円の税を持っていかれるということは、例えば生活保護の行政がまるまるできなくなるぐらいの規模になるわけです。ほかと比較しても同じでありまして、いかに2700億円という金額が大きいかということがわかっていただけると思います。同じことが堺市についても言えるわけです。やはり民生費で見ても、その半分ぐらいが税として持っていかれてしまうということです。これプラス地方交付税も吸い上げられるということです。

表4　大阪府の地方税の増収効果　（単位千円）

都移譲対象税合計	132,406,898
都調整3税留保分（調整3税×0.45）	297,191,919
都移譲税合計	429,598,817
府税	1,281,341,914
移譲財源／府税（%）	33.5

先ほど、特別区と東京都庁は血みどろの争いをしながら、金をよこせ、よこさんという話をしているということでしたが、大阪から見ていると東京はすごく長い戦いの歴史がある。戦後の東京の特別区の歴史は自治権の拡充の運動だったのですね。それがずっと積み重ねられて、現在も東京都と特別区は対峙して金のやり取りをしているわけです。

大阪はどうかというと、市が廃止されて特別区にされますよ、内部団体になりますよと言っているのに、それらの市から声が上がらないわけですね。拡充運動どころか、内部団体化運動に実質的に成り下がっているようなところがあるわけです。そのときに特別区が「大阪都庁」と対峙して財源をきちんと取ってこられるのかどうか。それを考えると非常に恐ろしい気がいたします。数字以上に特別区に下りてくる財源は少なくならざるを得ないだろうなと思っています。

4　橋下知事による地方財政改革案

でも、橋下さんはもうちょっと考えてくれている、特別区にお金をきちんと配ってくれるよと思えるのかというと、私には到底思えない。彼は地域主権戦略会議の議員をしているのですが、彼の発言の趣旨を表5にまとめています。「とにかく権限も財源も責任も、みんな独立しないといけない。責任持って決めて、責任持って金を集めて、責任持って実行せよ」という立場です。

日本の国は今、そういう形にはなっていないのです。もし彼の考えが徹底されていった場合、特別区で「うちはちょっと福祉の需要が増えてお金が足りないから金をください」と言ったら、「そんなもの、自分のところで何とかしろ」というのが彼の地方財政改革案から見た筋です。だから、そんな温情主義的な期待を持って、特別区になってお金は吸い上げられるけれども、また返してくれるなんていうのは、彼の考えからするとおそらく受け入れられるものではないのです。

私が申し上げたかったことは、「大阪都構想」が実現したら、単純にシミュレーションしても市のお金が都へものすごく吸い上げられる。しかも、市と大阪府の今の政治バランスでいっても、東京のようにそれを勝ち取る運動は期待できない。橋下さんが温情主義的に特別区のことを考えてやってくれるのか。「優しい大阪」というスローガンを立てていますが、「優しい大阪」をやってくれるかというと、そ

表5　橋下知事による地方財政改革案

(1)「融合型」から「分離型」へ
- 国と地方の権限・財源・責任があいまいな現行の「融合的」なシステムを批判
-「国の仕事は国の財布。地方の仕事は地方の財布」を徹底し、「受益と負担」を明確化。

(2) 将来像
- 税源移譲＋水平調整による自治体財政の運営
- 地方財政計画・地方交付税の廃止

(3)「分離型」からみた「大阪都」構想
-「大阪都」と特別区（＝基礎自治体）の間の権限・財源・責任の完全分離
- 都区財政調整制度の否定？
- 特別区による行政サービスは維持されるのか？

こは厳しく「それは自分のところの金で何とかしろ」と言われて、大変な目に遭うのは地域住民だということになるだろうというのが私のシミュレーションの結果でございます。

5 「大阪維新の会」の誤った論理と議論

一点だけ、別なことで申し上げたいのは、「大阪維新の会」のマニフェストを見ていただくとわかるように、維新の会は東京の特別区と大阪の区を比較するのです。「東京の特別区は住民自治が発達して独自の行政をやって活発だ。大阪の区を見てくれ、何もできないじゃないか」と。それ自身、いろいろ反証はあるのだけれども、そもそも比較する間尺が違うのです。東京の特別区はあくまでも基礎自治体、市と同じです。だから、公選の首長さんもいるし、議会もあるし、徴税する権利もある。ところが、大阪市の区は政令指定都市における単なる行政区なのです。だから、比較するのであれば、同じ権能で言うと東京の特別区と大阪市本体を比較しないといけないのです。それを、「区」という言葉が同じだけで全然違うのに、「見てみろ、大阪市の区は駄目じゃないか」という話になっているのです。

非常に誤った論理がこの維新の会の議論の中にいくつか入っていると思っています。それらに対する反論が、「地域主権改革などに関するよくあるご質問」という形で大阪市のホームページに出ています。新聞でも取り上げられて、大阪市長が政治活動に使っていると言って批判されていましたが、なかなか適切なことが書いてあります。「二重行政はあるのか」「いや、体育館はどちらも80％～90％近い稼働率になっています」とか、「なぜ地下鉄は乗り入れが大阪は少ないのか」「国が決めた方針であり、かつ私鉄が優位だから乗り入れが少ないのです」とか、きちんと反論しているのです。

そこはホームページを見ていただいて、ちゃんとわれわれが必要な情報が出ているので、それを共有していっていただきたいと思っております。（拍手）

●最後の発言　～会場からの質問に答えながら

重森　曉　どうもありがとうございました。それでは、最後の発言に入っていきたいと思います。会場からの6つの質問のうち、自分が答えるべきだなと思われた質問に答えていただきながら、最後の5分のスピーチをお願いしたいと思います。

まず一つは、住民自治のあり方です。この「大阪都構想」についての住民の意見を幅広く吸い上げるにはどうしたらいいかということも含めまして、大都市行政における住民自治あるいはコミュニティ再生の課題にどう取り組むのか、住民参加の具体的方向についてということが一つです。

二つ目には、政令市のあり方についてどう考えるかということです。大都市の地方自治制度をどう構想していくのか。これは特に大森先生、加茂先生などにお答えいただきたいという質問が出てきております。

三つ目には、大阪再生の手がかり、東京のまねではなくて大阪の独自の文化を生かす再生の手がかりは何かということで、これも加茂先生、宮本先生はじめ皆さん方のご意見を聞きたいということです。

四つ目は、グローバル競争について、この競争力をどう評価するか。特に大森先生に対しては、特別区独立論があるわけですが、東京都の区を廃止して独立して市にした場合に、競争できるのかということの質問がありましたので、それも含めてご発言いただければと思います。

五つ目には、広域自治体と基礎自治体の事務配分と税源配分のあり方、これは大変大きな問題でありますが、基本的な視点としてどのように考えたらいいか。その中で、「大阪都構想」は何を間違っているのかということです。これは森先生、木村先生にもお答えいただければと思います。

最後、六番目、「中京都構想」について何かコメントがおありの方がおられましたら、コメントしていただきたいということです。

広域自治体と基礎自治体の関係

森　裕之　一つは、広域自治体と基礎自治体の関係ですが、これについての動きは実は関西が一番進んでいると思っております。大阪府の職員が大体9万人ぐらいいるのですが、そのほとんどが教員と警察です。だから、いわゆる知事部局と言われるところは非常に少ないです。これはほかの自治体に比べてもそうでして、やはり大阪府の行政の空洞化といいますか、治安・防災と教育だけを大阪府がやっていて、あとは基礎自治体がやっている。それは都市が発達しているからそうなっているということだろうと思います。

そうした状況の中で、大阪府は警察と教育をきちんと充実させてくれ、それに特化してくれ、二重行政と言われるものはちゃんと基礎自治体に配分せよというのが一つの考え方だと思います。それが大阪には適しているのかもしれない。

都道府県というのは、農村部を抱えているところについては非常に役割が大きいのですが、都市部についてはあまり役割がない。それが大阪にもあらわれているのです。

もう一つは、関西広域連合ができています。広域連合とは府とか市と同じ自治体です。自治体だけれども、屋上屋を重ねるみたいなものがあって、例えば市町村同士でもつくることができるし、都道府県同士でもできるし、都道府県と市であっても構わないというものです。関西の場合、奈良県だけは奈良県の知事さんが反対されて入っていないのですけれども、私は、共感できるところが多いのです。

しかし、おそらくそれぞれの知事さんが賛成されている背景には、今の都道府県行政の限界、例えば観光にしろ、防災にしろ、産業政策にしろ、何か感じておられるのだろうと信じたい。それがないのに、そんなものをつくって、またお金を使う。それこそ、三重行政、四重行政になるので、何かあるのだろうと思いたいのです。ところが、そのメッセージがなかなか伝わってこない。だから、都道府県の今のあり方もそうだし、それを越える広域連合みたいな議論もあちらこちらで出ている。その先には道州制という議論もおそらく出てくるのだろうと思います。これを直ちにどうしたらいいということはなかなか言いにくいのですが、非常に重大な課題が関西、特にその震源地である大阪に突き付けられているということです。（拍手）

事務配分と財源配分

木村　收　広域自治体と基礎自治体の事務配分と財源配分の問題ですね。これは大きな問題でございます。要は市町村と府県の問題ですね。これは法律で事務権限配分がすべて決まっているわけで、それに応じて画一的に法で税源配分が行なわれているということです。

問題は、この事務権限配分の特例、指定都市ができて、五大市から始まっていまでは19市になった。さらにその後できた中核市、特例市が今、41ずつあります。そのように、府県の事務を市が行なう分野が拡充しております。制度の改正あるいは分権で増えていっている。また、平成の大合併で市がずいぶんできた。ほとんど市だという県もあります。市になると、例えば福祉事務所は町村の場合は県がカバーしているわけですが、これは市がやるということになります。そういうかたちで実質、市町村の仕事が増え続ける。保健所も中核市になると必ず持たなければいけない。どんどん増えていっているわけです。おまけに高齢化社会で、福祉の関係がどんどん増えていっています。

昭和25年、シャウプ税制で現在の税制ができました。地方税制は完全に二分法でありまして、東京都を別にしまして府県の税制と市町村の税制は画一的です。どこの府県も同じように税制を適用してやる。市町村も同じだ。そうすると、どういうことになるか。神奈川県のように三つも政令市ができた。しかし、そのために税源を政令市に渡すことはされていない。そうすると当然、その分に限っての話ですが、府県のほうは余裕が出る。大阪府でも大阪市に加えて堺市が政令市になれば負担が減っているわけです。さらに中核市が増えると負担が減る。

府県は自ら行政改革にいろいろ努力されています。そういうことは当然あるわけですが、それ以上にこういう新しい事務権限の再配分あるいは事務権限の委譲で基礎自治体にどんどん財政負担が移っていますから、財政需要が市町村で増える。しかし、税源配分は基本的に変わっていない。これはきわめておかしいことでありまして、これを正さなければならないと私は思っております。

一例をあげますと個人住民税、市町村民税は昭和25年市町村税重視のシャウプ税制のときには100%、市町村の税でありました。ところが、政令市ができる前の昭和29年の府県税重視の制度改正でどうなったかというと、市町村民税の約3割を移して府県民税ができたのです。ついこのあいだの三位一体改革では、さらに府県に移譲されて住民税は60%が市町村民税、40%が府県民税です。税制改正の姿は常に妙な格好ですが、つぎはぎだらけで府県のほうに重点的に配分されている。結果はそういうことです。この辺の問題は税源の再配分として根本的に是正をしなければならない。分権改革の流れと反しているると思っております。（拍手）

住民参画推進の方向での議会改革を

大森　彌　「地域主権」を民主党が掲げたのですが、自民党は「地域主権」を認めませんので、法律用語になりません。しかし、内容が大事です。民主党政権は、「地域主権改革」と言っている、従来で言う地方分権改革のことですが、主として市町村の地域のことを念頭に置いていただきますと、地域に暮らしている住民の皆さん方が「その判断と責任において地域の諸課題に取り組むことができるようにする改革」のことだと言っています。これは正しい。それを具体的に実現するためには情報公開と住民参画をさらに徹底していくことになるのではないか。

私が一番懸念しているのは、日本の地方議会は合議体なものですから、議会の審議に住民参画をやらなくていいと思い込んでしまっていることなのです。それが一つある。日本の地方議会の最大の弱点は、議会で議決するという相当の権限を持っているのですが、議会で議決する事案はほとんどすべて、首長のほうが企画・立案しているのです。したがって、議会で議決しながら一切責任を議会が取らない。この大きなギャップについてどのように改革すればいいか。

議会そのもののあり方も幅広く住民参画を実現する方向で改革をしない限り、地方議会は住民の支持を得られないのではないか。地方議会は独走というか暴走というか、そういう首長に侮られないような議会改革をやらなければいけない。そのことが非常に重要な課題になっているのではないか。

最後に触れておきたいことがあります。現在の都区制度を廃止することは言うのは簡単ですが、廃止したあとの仕組みをどうつくるかが非常に難しい。廃止したあとのさまざまな構想があるのです。例えばお金持ちの都心区はまとめて、一種の「首都市」に変える。これは場合によると国の直轄市になる。あそこの税源は全部、国庫に召し上げられていく。日本は首都が決まっているようで決まっていない、変な国です。「首都はどこですか」と言うと「東京」と言うのです。けれども、「東京のどこですか」と言うと「どこですか」となる。（笑い）多摩地域の人たちは東京都の中にいますけど、今でも「東京に行く」と言うのです。隅田川の向こうの人たちも自分たちが首都だとは思っていないかもしれない。23区の中の自治の仕組みを動かそうとすると、必ずこの議論を誘発することになるわけです。

もう一つ大きな話ですが、道州制の議論が東京都に適用される場合もいろいろな構想があります。現在の石原知事と東京都の関係者は、もし道州制をやるならば東京都と神奈川県と千葉県と埼玉県、一都三県がまとまった以外は認めないと言うのですよ。人口で3500万人近くになる。今でも東京は一極集中地域でしょう。超巨大なものをつくろうとしている。そんな道州が広域自治体になるはずがないじゃないですか。しかも、その長は直接公選するんですって。国政政治家など相手にもならない巨大な政治権力が生まれますよ。そんなことは、中学生の想像力をもってしても、わかるじゃないですか。

ところが皮肉なことに、都道府県の区域を越えて人々が動いているのが首都圏です。したがって、このジレンマは道州制構想そのものにとっても頭が痛い話になっているのです。道州になったら必ず市町村合併になります。今までの合併は全部、町村をつぶしてきただけです。市をつぶしているのではないのです。市を合併に誘うような法律ではないのです。今後もし仮に合併するのなら、市を合併させるような法律に必ず変えていくはずです。一部アイデアも国のほうにはあるのです。将来、仮に市の合併になると、市が合併してそこが大きくなって都道府県の仕事が来るならば、今度、都道府県はどうするのですか。都道府県は国の仕事をやって道州に変わるのですか。必ず再び市町村合併、特に市の合併が今度は起こると思います。

その際、自主合併はもう無理です。お金を配ったぐらいでは誇り高い自治体は合併しませんから、そうすると強制合併になるのです。そういうことを視野に入れながら、例えば関西の広域連合のこともちゃんと考える必要があると思います。

唯一の望みは奈良県が参加しないことです。(笑い)奈良県は、明治時代に、都道府県をつくったときに最初は堺県にいたのです。それで、堺県が大阪府にからめとられたのですよ。それで、奈良はどうしたかというと、独立運動をやってあそこから抜け出て、やっと単独の自治体になったのです。この記憶は失っていませんから、簡単に奈良県が巻き込まれることはないでしょう。しかし、奈良県でさえも、例えば府県の区域を越えて協力したい理由があるならば、それは広域連合に参加してもおかしくないのではないです。道州へ一本化することではなく、広域連合ならというゆったりした気持ちになってもいいのですけれど、奈良県は慎重ですね。

私どもが直面している改革課題はいっぱいありますが、行政区域の話は経済成長とは直接は関係がないのです。47都道府県があったから日本の経済成長ができなかったということはありません。現在、大阪府と大阪市・堺市があるから、大阪の経済が停滞したなんてことは考えられません。そんな実証的な根拠はありません。だから、そのことをきちんと主張していけばいいと思います。そのことを再度強調して私の発言といたします。（拍手）

地域を活発にする研究活動を

柴田徳衛　今まで鹿児島、大阪、名古屋で地方議会や行政区域をめぐる運動が起こっているようです。その背景に、市会議員さんが議会だけをやって、あとは威張るだけで、お手当をたくさんもらっているというような不信感が瀰漫しているのではないか。そこをうまく突いているのではないか。一方、職員組合の皆さんに対しては、パートタイムとか、今職を探している不正規雇用の人たちから見ると、非常に安定した、のんびりした生活をしていて、かつ退職金をウン千万ももらっているのではないか。こういう反感が底流にあり、それが大阪、名古屋あたりで、爆発して市民の共感を得ているのではないだろうか。

できれば、市会議員が俺の市、大阪市をこれからどう持っていくかを侃々諤々、論議する。自治体労働者も一番市民に毎日接しているはずですから、そこから見て、いったい今の地方自治、地方行政はいいのだろうかという運動を起こしたらいいのではないだろうか。このような研究活動を通して、大阪あるいはそれぞれの地域をどう発展させるかという研究そして実際の運動が活発になっていくのではないだろうかと期待したい。

最後に、私の好きな「吹けば飛ぶような将棋の駒」『王将』、阪田三吉さんが「明日は東京に行くからは勝ってこなければならない」という歌です。ひとつこの意気込みで、ぜひ皆さんも負けずに大きな声を上げ、これをいい機会にして、せっかくの大阪を東京に負けぬところに大いに盛り上げていただきたい。それを終わりの言葉といたします。（拍手）

ボルテージを上げる戦略を

加茂利男　私のコメントを付け加えさせていただく形で、最後の言葉を述べたいと思います。この集会はかなり大きな成功です。多少のインパクトを与えることになるのではないかと思います。橋下さんがそのことを聞いて何て言うでしょうね。「年寄りばかり集って、繰り言を……」。（笑い）それぐらいのことを言うかもしれません。

先ほど森さんが言われたように、問題は大阪市も一生懸命いろいろ理屈を立てて主張しているわけですが、その発信力というかボルテージがないわけです。われわれのこういう運動とか活動もやはりボルテージがあって、そのボルテージが伝わっていくことにならないと、本当に大阪の地方政治を動かすことにはなっていかないだろうと思います。そういう戦略というか作戦みたいなものを大まじめに考えないといけない。

昔は市民運動とか、公務員の労働運動とかいろいろなものがあって、それらが大阪という地域に根を張って、そこにメッセージを投げかければ、そこから共鳴板になって広がっていくような、ボルテージの増幅装置みたいになっていた。当然、発信力がそこからつくられていたと思います。いっとき以来、それが全くなくなってしまったという気がしてならないわけです。

保守政党の政治も、確かな組織的基盤がなくなって、みんなばらばらで液状化してしまっている。それこそ橋下さんみたいな人が出てきて何かパフォーマンスをやったら、わあっと、みんな付和雷同でそっちに行ってしまう。国会は今や、小泉チルドレンと小沢ガールズ、そういうあまり重みのない政治家たちであふれかえっているわけです。日本政治全体の劣化という非常な危機感を持たざるを得ない。

政治あるいは市民社会がそうやってばらばらになって液状化してしまうことになったときに、民主主義とか地方自治が崩れてしまう。強力なリーダーが民衆の中から求められるということになってしまいやすいわけです。そうならないために、何とかこの辺りでひと踏ん張りして、大阪の地方政治を変える気にならないと大変なことです。

久しぶりにこれだけの人が集まって、かなり熱のこもった議論ができましたので、こういうことを一つのきっかけにしてもう一つ、もう一つと積み上げていくような努力をぜひしたい、お互いにそういう方向に向かって努力しましょうということを申し上げて終わりにしたいと思います。（拍手）

東京都のまねをしては大変なことになる

宮本憲一　今日の集会の大きな収穫は、東京は駄目だ、東京都と特別区のまねをしては大変なことになることを確認できたことです。私は、東京圏というのは異常だと思っているのですよ。過密の東京に行きたい行きたいというところに今の日本人の非常に大きな欠陥が出てきているのではないかと思います。その周辺にある横浜にしても千葉にしても埼玉にしても、みんな東京に依存しているわけです。

それに比べ、地域として考えると関西というのはすばらしい地域で、それぞれ歴史的な文化があるから、神戸と京都と大阪、みんな違いますよね。残念なことは、この三都形成をしている関西圏というのは、僕は日本の地域圏形成の中で言うと理想のところだと思っているのだが、真ん中にある肝心の大阪の経済と文化が駄目になっている。これを東京みたいに一点集中にしてしまってはもっと駄目なんですよ。これだけは今日、はっきりしたから、これは非常に大きな収穫であったと第一に言えると思う。

では、どうするかということで、まず今のところ、大きな制度改革で何か良くなるというわけにはいかないから、政令指定都市制度はそのまま残さなければいけないが、これは問題があることは間違いないですね。本当の大都市的な政令指定都市と、そうではない合併してできあがったところとの違いがあるから、おそらく政令指定都市制度のあり方は変えなければならないかもしれないが、当面は大阪市を政令指定都市で維持するとして、問題はやはり住民参加ですね。

私が『都市政策の思想と現実』（有斐閣、一九九九年）などで紹介していますが、ニューヨーク市が１９７５年にものすごい財政危機になって市職員の20％以上の首切りをするなど大きな改革をした。その改革は進行し、産業構造はかわり、ニューヨーク市の文化・芸能とサービス経済再生の中でニューヨーク市は良くなっていったのですが、同時にニューヨーク市は「I《アイ》 love《ラブ》 New York《ニューヨーク》」運動を起し、憲章を改正しまして住民参加の制度をつくったのです。59のコミュニティ・ボードをつくって、それぞれのボードに50人ずつの委員を選出して、そこで協議をしないと都市計画、公共施設や予算をつくることができない。非常に強い力を持ったコミュニティ・ボードをつくったわけです。これがニューヨーク市再生の原動力になったと思います。

つまり、市民がその気になって大阪市の財政や行政を再建するようにならないと、ここでいくら議論しても再建しないと思います。ですから、そういうはっきりした、コミュニティ・ボードのような住民参加ができる制度を大阪市でつくってほしいと思います。このあいだ大阪市で聞いたところ住民の協議会をつくる構想があるようですが、それでも、まだ駄目ですね。もっと本格的に各区でコミュニティ・ボード式に参加できるような制度を構成する。この住民参加の制度をつくって大阪から全国へ向けて発信する、大都市におけるガバナンスはこうならなければならないというものをぜひ考えてほしいと思います。

第二に、かつて「大阪をあんじょうする会」がありました。私が代表で1979年につくったのです。これは中之島まつり、あるいは中之島公会堂を残す、盛り場をつくるなどいろいろなまちづくりをやりました。水郷水都再生など全国にも影響をあたえました。かなり大きな力を持っていた市民運動でしたが、いまはなくなりました。

それは学習会を重ねながらやるという形の市民運動だったわけですが、非常に広い形の、政党とは関係のない文化的な運動でした。その「あんじょうする」という言葉があるように、やはり大阪は「あんじょうする」という柔らかさみたいなものが本当は必要です。かつての「大阪をあんじょうする会」のような文化的な、そして創造的な市民組織をぜひもう一度つくってほしいと思います。

そして、そういう市民運動とともに、先ほど柴田先生が指摘したのですが、かつては自治体労働組合の地方自治研究活動がありまして、公務員自身が内部から自治体を改革するという運動があり、それが革新自治体をはじめ自治体行政の革新をすすめました。私はやはり今回の場合も、もう少し大阪市の内部、大阪府の内部で公務員が積極的に、公共サービスの水準を下げてはいけない、市民生活をどう維持・向上させていくかということで運動することをしないと、市民運動だけでは良くならないだろうと思います。ぜひ行政体の内部からの改革運動をやっていく。そういう決意がないと、この問題は片付かないだろうと思います。

関西というところはきわめて未来性のある、最も新しい文化や新しい芸術、新しい産業、新しい学術をつくっていく歴史的資産と人材とエネルギーのあるところだという、この自信はぜひ持っていただきたいと思っています。（拍手）

大阪市制度を議論するための五つの論点

重森　暁　どうもありがとうございました。以上でシンポジストの発言の予定は終了です。このシンポジウムをやるにあたりまして、いろいろ記者会見をしたり、ヒアリングをしたり、会合を持ちました。そのときの雰囲気と比べまして、今日の6人のシンポジストの方々、大変ボルテージが上がっておりまして、決意とか、覚悟を決めてとか、いろいろ出ました。それも、皆さん方がこれだけたくさん集まって熱心に聞いていていただいて、その相乗効果で、こういういいシンポジウムになったのではないかと思います。

コーディネーターとして一つだけお話をしたいと思います。

大阪府自治制度研究会の最終とりまとめの概要版に「新たな大都市制度を議論するにあたっての論点整理」ということで10項目が挙がっております。この10項目については全部ではありませんが、ある程度われわれとして共感できるところがあるのではないかと思います。それを、われわれもこれからの改革を考えていく場合の原則として5点ぐらいに整理ができるのではないかと思います。

第一の原則は「協議の場」があります。「協調・協議の原則」。現在は「ケンカ民主主義」という言葉いうと、あたかも橋下知事が大阪市に殴り込みをかけてけんかを売っているという状況であります。本来、府と市、それから各市町村が対等平等の関係で信頼関係に基づいて、協調・協議していくことが大事ではないか。さらに今日の議論を踏まえてみますと、この中で住民参加が必要です。やはり私たち一人一人が大阪の都市制度のあり方はどうあるべきか、都市機能はどうあるべきか、一生懸命考えて行動していくということで、この「協調・協議の原則」の中に住民参加を入れる必要があるかと思います。

第二の原則は、「都市性・個性の原則」があります。これは宮本先生が言われた、各自治体・地域の歴史や文化や個性を大事にしていく、いわゆる「都市格」が高まっていくような改革でなければならないということ。この「都市格」の重視、何よりも住み心地のよい都市をつくっていくという理想に向けて改革を進めていくことが大事ではないかと言えると思います。

第三の原則として、今日の最後の議論の中にもありましたが、基礎的自治体と広域自治体との関係です。やはり地方自治の原理は基礎的自治体の充実でありますので、基礎的自治体を優先し、その中でも住民自治、コミュニティの再生を重視していく。広域自治体の役割は限定されるべきで、あくまでも基礎的自治体を優先するべきではないかと思います。

大都市の制度を考えていく場合に一番大きな問題は、第四の原則として、財源、課税権を強化していくという問題。第五の原則として、地域間の格差、都市内格差を調整するための財政調整をどうつくり上げていくかが非常に重要だと思います。これについての考慮のない改革案は非常に問題があると思います。とりあえず、その5点についてはここで共通の原則として確認できるのではないかと思います。

いずれにしましても、これまで大阪府と大阪市がいろいろやり取りをしているというだけでありまして、われわれ市民がこの問題に参加して声を上げていくということが少なかったと思います。本日のシンポジウムを契機にして、ぜひわれわれ一人一人がこれを考え、行動を起こしていくきっかけになればと思います。とりわけ今日は東京からお二人の論客に来ていただきまして、大変刺激的なお話をいただきました。このことが大成功の原因ではないか、改めてお礼を申し上げたいと思います。ありがとうございました。（拍手）それから、大阪方の論客の皆さんもありがとうございました。（拍手）

司会　コーディネーター、シンポジストの先生の皆さん、長時間にわたり、また熱のこもったシンポジウム、本当にありがとうございました。改めて感謝したいと思います。本当にありがとうございました。（拍手）

それでは、本当の最後になりました。鶴田理事長から閉会のあいさつをよろしくお願いいたします。

閉会のあいさつ

鶴田廣巳　最後にあたりまして閉会のごあいさつをさせていただきたいと思います。本日は大変多くの皆さまにお集まりいただきまして、その熱気で今日のシンポジウムは大成功に終わったのではないかと喜んでおります。

本日はマスコミの方々も来られておりますので、またいろいろな形で報道されるかと思いますが、くれぐれも「老人パワー炸裂」というような表現ではなくて、老若男女いろいろな方に集まっていただいて「大阪の良心が炸裂」という形でご紹介いただければと思います。（拍手）

先ほどお話もありましたので、私が重ねて申し上げる必要もないかと思いますが、橋下知事の姿勢というのは先ほどの言葉を借りますと、「敵意の思想」と言いますか、絶えず公務員や地方議会などに敵をつくり出して、それをたたく。ポピュリズムの最悪の見本といってよいでしょう。彼が信頼している政治家は小泉さんと小沢さんだと聞いていますので、確かにそのやり方を学んでいるかと思います。

こういう思想ではなくて、私どもは今までも「連帯の思想」とか「協力の思想」で地方自治を支えていく必要があると訴えてまいりました。その意味で、今日出された、大都市のもとにおける自治のあり方、あるいは財政の仕組みをどうするのか、さらには日本における民主主義と地方自治のあり方を改めて構築する必要を痛感しています。政権交代後、政権与党である民主党の政策やそれを支える政策理念の軸が大きくぶれて、いったい何を追求しているのか、日本はいったいどちらの方向を向いているのかがまったくわからなくなった。そういう中で、ワンポイント・イシューで地域政党が登場して、それに住民の関心が引きつけられていく。こういう異常な現象が現在の特徴ではないかと思います。

本日の集会を機にして、私どもは、もっと基軸をはっきりさせた地方自治あるいは地方財政のあり方について広範な研究者や専門家、あるいは実務家の皆さまに呼びかけて今後とも研究を盛り上げていきたいと思っております。また、皆さまのいろいろなご支持やご協力をいただくことが必要になろうかと思いますが、これからもどうぞよろしくお願いをいたしまして、閉会のごあいさつとさせていただきます。どうもありがとうございました。（拍手）

（本稿は、二〇一一年二月十一日、大阪市天満橋・OMMビル2階会議場で開催された「東西の学者が語り合う2・11シンポジウム「大阪都構想」を越えて」での発言記録を整理し一部補筆したものです。）

【略歴】

〈パネリスト〉

宮本　憲一（みやもと・けんいち）

大阪市立大学名誉教授、前滋賀大学長・同学名誉教授

1930年台北市生まれ。日本地方財政学会理事長、前自治体問題研究所理事長、日本環境会議代表理事等、歴任。著書に『地域開発はこれでよいか」（岩波書店、1973年）、『日本の環境問題』（有斐閣、1975年）、『環境と開発』、（同、1992年）、『環境政策の国際化』（実教出版、1995年）、『環境と自治』（同、1996年）、『公共政策のすすめ』（有斐閣、1998年）、『都市政策の思想と現実』（同、1999年）『日本社会の可能性』（岩波書店、2000年）、『日本の地方自治の歴史と現実』（自治体研究社、2005年）、『環境経済学新版』（岩波書店、2007年）。その他多数。

大森　彌（おおもり・わたる）

東京大学名誉教授

1940年東京都生まれ。東京大学教授、千葉大学教授、放送大学大学院客員教授、地方分権推進委員会専門委員、日本行政学会理事長、自治体学会代表運営委員、特別区制度調査会会長、都道府県議会制度研究会座長、社会保障国民会議委員、内閣府独立行政法人評価委員会委員長などを歴任。現在、社会保障審議会会長、特別区政懇談会委員、全国町村会「道州制と町村に関する研究会」座長、NPO地域ケア政策ネットワーク代表など。近書に『変化に挑戦する自治体』（第一法規、2008年）、『官のシステム』（東京大学出版会、2006年）、『実践まちづくり読本』（共著、公職研、2008年）など。

柴田　徳衛（しばた・とくえ）

元東京都企画調整局長・東京経済大学名誉教授、

1924年生まれ。1967年東京都立大学都市財政講座教授、1971年美濃部亮吉東京都知事に請われて東京都企画調整局長に就任。美濃部都政のブレーンとして活躍。公害研究所・所長としてゴミ問題・排ガス規制などに取組む。美濃部都政の終焉で都庁を離れた後、東京経済大学教授に就任し、都市政策を研究。現在、「柴田都市研究室」主宰。著書は『現代都市論』（東京大学出版会、1967年）、『日本の都市政策』（有斐閣、1978年）、『東京問題』（クリエイツかもがわ、2007年）など多数。

加茂　利男（かも・としお）

大阪市立大学名誉教授、立命館大学教授

1945年生まれ。大阪市立大学助教授、大阪市立大学教授を歴任。2006年より大阪市立大学都市研究プラザ所長。2007年より立命館大学公共政策大学院公務研究科教授。政治過程論・公共哲学・地方自治論が専門。著書として『都市の政治学』（自治体研究者、1988年）、『日本型政治システム—集権構造と分権改革』（有斐閣、1993年）、『世界都市—「都市再生」の時代の中で』（有斐閣、2005年）、『自治体間連携の国際比較—市町村合併を超えて』（編著、ミネルヴァ書房、2010年）など多数。

木村　收（きむら・おさむ）
　元阪南大学教授
　1936年生まれ。1958年大阪市役所入庁。大阪市財政局長、大阪市立大学事務局長、経済局長を歴任。1994年大阪市を退職し、同年より大阪市立大学経済学部教授。1999年より阪南大学経済学部教授。現在、大阪市立大学都市研究プラザ特別研究員。著書は『大都市の破産―ニューヨーク市財政の危機』（大阪都市協会、1977年）、『地方分権改革と地方税』（ぎょうせい、2001年）、『大都市行財政の展開と税制』（晃洋書房、2004年）など多数。

森　裕之（もり・ひろゆき）
　立命館大学教授
　1967年生まれ。高知大学助手、同大学専任講師、大阪教育大学専任講師、同大学助教授をへて2003年から立命館大学政策科学部助教授、2009年から現職。地方財政、都市財政を専攻。著書は『検証「三位一体の改革」』（共著、自治体研究社、2005年）、『公共事業改革論』（有斐閣、2008年）、『検証・地域主権改革と地方財政』（共著、自治体研究社、2010年）など多数。

〈コーディネーター〉

重森　曉（しげもり・あきら）
　大阪経済大学教授
　1942年生まれ。1980年高知大学人文学部教授、1983年大阪経済大学教授。2004年から2010年まで大阪経済大学学長を歴任。現在、同大学経済学部教授。大阪自治体問題研究所・理事長なども務め地方自治・地方財政の提言を行う。著書は『現代地方自治の財政理論』（有斐閣、1988年）、『分権社会の政治経済学』（青木書店、1992年）、『地方分権―どう実現するか』（丸善出版、1996年）、『検証・市町村合併―合併で地域の明日は見えるか』（自治体研究社、2002年）、など多数。

〈ご挨拶〉

鶴田　廣巳（つるた・ひろみ）
　関西大学教授
　1947年生まれ。1977年より大阪経済大学経済学部専任講師・同助教授・教授を経て、1995年より関西大学商学部教授。2002年ルーヴェン・カトリック大学（ベルギー）客員教授を歴任。現在、大阪自治体問題研究所理事長。著書は『所得の理論と思想』（編著、税務経理協会、2001年）、『セミナー現代地方財政Ⅱ』（編著、勁草書房、2008年）、『Basic現代財政学』（編著、有斐閣、2009年）、『幻想の道州制』（編著、自治体研究社、2009年）など多数。

地方自治ジャーナルブックレットNo55

「大阪都構想」を越えて

〜問われる日本の民主主義と地方自治〜

2011年4月1日　初版発行　　　定価（本体1，２００円＋税）

企　画　（社）大阪自治体問題研究所

著　者　宮本憲一・加茂利男・柴田徳衛・大森彌・
木村收・森裕之・重森曉・鶴田廣巳

発行人　武内英晴

発行所　公人の友社
〒112-0002　東京都文京区小石川５－２６－８
TEL 03-3811-5701　FAX 03-3811-5795
Eメール info@koujinnotomo.com
http://www.koujinnotomo.com

「官治・集権」から

「自治・分権」へ

市民・自治体職員・研究者のための

自治・分権テキスト

《出版図書目録》
2011.3

公人の友社

112-0002　東京都文京区小石川５－26－８
TEL　03-3811-5701
FAX　03-3811-5795
メールアドレス　info@koujinnotomo.com

●ご注文はお近くの書店へ

小社の本は店頭にない場合でも、注文すると取り寄せてくれます。

書店さんに「公人の友社の『○○○○』をとりよせてください」とお申し込み下さい。５日おそくとも10日以内にお手元に届きます。

●直接ご注文の場合は

電話・ＦＡＸ・メールでお申し込み下さい。（送料は実費）

TEL　03-3811-5701　FAX　03-3811-5795

メールアドレス　info@koujinnotomo.com

（価格は、本体表示、消費税別）

地方自治ジャーナル ブックレット

No.3
使い捨ての熱帯林
熱帯雨林保護法律家リーグ　971円

No.4
自治体職員世直し志士論
村瀬誠　971円

No.8
市民的公共性と自治
今井照　1,166円［品切れ］

No.9
ボランティアを始める前に
佐野章二　777円

No.10
自治体職員の能力
自治体職員能力研究会　971円

No.11
パブリックアートは幸せか
山岡義典　1,166円

No.12
市民がになう自治体公務
パートタイム公務員論研究会
1,359円

No.13
行政改革を考える
山梨学院大学行政研究センター
1,166円

No.14
上流文化圏からの挑戦
山梨学院大学行政研究センター
1,166円

No.15
市民自治と直接民主制
高寄昇三　951円

No.16
議会と議員立法
上田章・五十嵐敬喜　1,600円

No.17
分権段階の自治体と政策法務
松下圭一他　1,456円

No.18
地方分権と補助金改革
高寄昇三　1,200円

No.19
分権化時代の広域行政
山梨学院大学行政研究センター
1,200円

No.20
あなたのまちの学級編成と地方分権
田嶋義介　1,200円

No.21
自治体も倒産する
加藤良重　1,000円

No.22
ボランティア活動の進展と自治体の役割
山梨学院大学行政研究センター
1,200円

No.23
新版・2時間で学べる「介護保険」
加藤良重　800円

No.24
男女平等社会の実現と自治体の役割
山梨学院大学行政研究センター
1,200円

No.25
市民がつくる東京の環境・公害条例
市民案をつくる会　1,000円

No.26
東京都の「外形標準課税」はなぜ正当なのか
青木宗明・神田誠司　1,000円

No.27
少子高齢化社会における福祉のあり方
山梨学院大学行政研究センター
1,200円

No.28
財政再建団体
橋本行史　1,000円［品切れ］

No.29
交付税の解体と再編成
高寄昇三　1,000円

No.30
町村議会の活性化
山梨学院大学行政研究センター
1,200円

No.31
地方分権と法定外税
外川伸一　800円

No.32
東京都銀行税判決と課税自主権
高寄昇三　1,000円

No.33
都市型社会と防衛論争
松下圭一　900円

No.34
中心市街地の活性化に向けて
山梨学院大学行政研究センター
1,200円

No.35
自治体企業会計導入の戦略
高寄昇三　1,100円

No.36
行政基本条例の理論と実際
神原勝・佐藤克廣・辻道雅宣
1,100円

No.37
市民文化と自治体文化戦略
松下圭一　800円

No.38
まちづくりの新たな潮流
山梨学院大学行政研究センター
1,200円

No.39
ディスカッション・三重の改革
中村征之・大森彌　1,200円

No.40
政務調査費
宮沢昭夫　1,200円

No.41
市民自治の制度開発の課題
山梨学院大学行政研究センター
1,100円

No.42
《改訂版》自治体破たん・「夕張ショック」の本質
橋本行史　1,200円

No.43
分権改革と政治改革
～自分史として
西尾勝　1,200円

No.44
自治体人材育成の着眼点
浦野秀一・井澤壽美子・野田邦弘・西村浩・三関浩司・杉谷知也・坂口正治・田中富雄　1,200円

No.45
障害年金と人権
―代替的紛争解決制度と大学・専門集団の役割―
橋本宏子・森田明・湯浅和恵・池原毅和・青木久馬・澤静子・佐々木久美子　1,400円

No.46
地方財政健全化法で財政破綻は阻止できるか
夕張・篠山市の財政運営責任を追及する
高寄昇三　1,200円

No.47
地方政府と政策法務
市民・自治体職員のための基本テキスト
加藤良重　1,200円

No.48
政策財務と地方政府
市民・自治体職員のための基本テキスト
加藤良重　1,400円

No.49
政令指定都市がめざすもの
高寄昇三　1,400円

No.50
良心的裁判員拒否と責任ある参加
～市民社会の中の裁判員制度～
大城聡　1,000円

No.51
討議する議会
～自治のための議会学の構築をめざして～
江藤俊昭　1,200円

No.52
大阪都構想と橋下政治の検証
―府県集権主義への批判―
高寄昇三　1,200円

No.53
虚構・大阪都構想への反論
―橋下ポピュリズムと都市主権の対決―
高寄昇三　1,200円

No.54
大阪市存続・大阪都粉砕の戦略
―地方政治とポピュリズム―
高寄昇三　1,200円

No.55
「大阪都構想」を越えて
―問われる日本の民主主義と地方自治―
大阪自治体問題研究所・企画 1,200円

朝日カルチャーセンター 地方自治講座ブックレット

No.1
自治体経営と政策評価
山本清　1,000円

No.2
ガバメント・ガバナンスと行政評価システム
星野芳昭　1,000円

No.4
政策法務は地方自治の柱づくり
辻山幸宣　1,000円

No.5
政策法務がゆく
北村喜宣　1,000円

政策・法務基礎シリーズ
―東京都市町村職員研修所編

No.1
これだけは知っておきたい自治立法の基礎
600円

No.2
これだけは知っておきたい政策法務の基礎
800円

福島大学ブックレット『21世紀の市民講座』

No.1
外国人労働者と地域社会の未来
桑原靖夫・香川孝三（著）
坂本恵（編著）　900円

No.2
自治体政策研究ノート
今井　照　900円

No.3
住民による「まちづくり」の作法
今西一男　1,000円

No.4
格差・貧困社会における市民の権利擁護
金子　勝　900円

No.5
法学の考え方・学び方
イェーリングにおける「秤」と「剣」
富田　哲　900円

No.6
今なぜ権利擁護か
―ネットワークの重要性―
高野範城・新村繁文　1,000円

No.7
小規模自治体の可能性を探る
保母武彦・菅野典雄・佐藤力・竹内是俊・松野光伸　1,000円

地域ガバナンスシステム・シリーズ
（龍谷大学地域人材・公共政策開発システム　オープン・リサーチ・センター企画・編集）

No.1
地域人材を育てる自治体研修改革
土山希美枝　900円

No.2
公共政策教育と認証評価システム―日米の現状と課題―
坂本勝　編著　1,100円

No.3
暮らしに根ざした心地良いまち
野呂昭彦・逢坂誠二・関原剛・吉本哲郎・白石克孝・堀尾正靱
1,100円

No.4
持続可能な都市自治体づくりのためのガイドブック
「オルボー憲章」「オルボー誓約」翻訳所収
1,100円

No.5
英国における地域戦略パートナーシップの挑戦
白石克彦編・的場信敬監訳　900円

No.6
マーケットと地域をつなぐパートナーシップ
協会という連帯のしくみ
白石克彦編・園田正彦著　1,000円

No.7
政府・地方自治体と市民社会の戦略的連携
—英国コンパクトにみる先駆性—
的場信敬編著　1,000円

No.8
財政縮小時代の人材戦略
多治見モデル
大矢野修編著　1,400円

No.10
行政学修士教育と人材育成
—米中の現状と課題—
坂本勝著　1,100円

No.11
アメリカ公共政策大学院の認証評価システムと評価基準
—NASPAA のアクレディテーションの検証を通して—
早田幸政　1,200円

シリーズ「生存科学」
（東京農工大学生存科学研究拠点　企画・編集）

No.2
再生可能エネルギーで地域がかがやく
—地産地消型エネルギー技術—
秋澤淳・長坂研・堀尾正靱・小林久
1,100円

No.3
小水力発電を地域の力で
（独）科学技術振興機構 社会技術研究開発センター「地域に根ざした脱温暖化環境共生社会」研究領域 地域分散電源等導入タスクフォース
1,200円

No.4
地域の生存と社会的企業
—イギリスと日本との比較をとおして—
柏雅之・白石克孝・重藤さわ子
1,200円

No.5
地域の生存と農業知財
澁澤栄・福井隆・正林真之
1,000円

No.6
風の人・土の人
—地域の生存とNPO—
千賀裕太郎・白石克孝・柏雅之・福井隆・飯島博・曽根原久司・関原剛
1,400円

No.7
地域からエネルギーを引き出せ！
PEGASUS ハンドブック
（環境エネルギー設計ツール）
堀尾正靱・白石克孝・重藤さわ子・定松功・土山希美枝　1,400円

都市政策フォーラムブックレット
（首都大学東京・都市教養学部 都市政策コース　企画）

No.1
「新しい公共」と新たな支え合いの創造へ—多摩市の挑戦—
首都大学東京・都市政策コース
900円

No.2
景観形成とまちづくり
—「国立市」を事例として—
首都大学東京・都市政策コース
1,000円

No.3
都市の活性化とまちづくり
—「制度設計から現場まで」—
首都大学東京・都市政策コース
1,000円

北海道自治研ブックレット

No.1
市民・自治体・政治
再論・人間型としての市民
松下圭一　1,200円

No.2
議会基本条例の展開
その後の栗山町議会を検証する
橋場利勝・中尾修・神原勝
1,200円

No.3
福島町の議会改革
議会基本条例
開かれた議会づくりの集大成
溝部幸基・石堂一志・中尾修・神原勝

TAJIMI CITY ブックレット

No.2
転型期の自治体計画づくり
松下圭一　1,000円

No.3
これからの行政活動と財政
西尾勝　1,000円

No.4
構造改革時代の手続的公正と第2次分権改革
手続的公正の心理学から
鈴木庸夫　1,000円

No.5
自治基本条例はなぜ必要か
辻山幸宣　1,000円

No.6
自治のかたち法務のすがた
政策法務の構造と考え方
天野巡一　1,100円

No.7
自治体再構築における
行政組織と職員の将来像
今井照　1,100円

No.8
持続可能な地域社会のデザイン
植田和弘　1,000円

No.9
政策財務の考え方
加藤良重　1,000円

No.10
市場化テストをいかに導入するべきか　～市民と行政
竹下譲　1,000円

No.11
市場と向き合う自治体
小西砂千夫・稲沢克祐　1,000円

地方自治土曜講座ブックレット

No.2
自治体の政策研究
森啓　600円

No.22
地方分権推進委員会勧告と
これからの地方自治
西尾勝　500円

No.34
政策立案過程への「戦略計画」
少子高齢社会と自治体の福祉法務
加藤良重　400円

No.42
改革の主体は現場にあり
山田孝夫　900円

No.43
自治と分権の政治学
鳴海正泰　1,100円

No.44
公共政策と住民参加
宮本憲一　1,100円

No.45
農業を基軸としたまちづくり
小林康雄　800円

No.46
これからの北海道農業とまちづくり
篠田久雄　800円

No.47
自治の中に自治を求めて
佐藤守　1,000円

No.48
介護保険は何を変えるのか
池田省三　1,100円

No.49
介護保険と広域連合
大西幸雄　1,000円

No.50
自治体職員の政策水準
森啓　1,100円

No.51
分権型社会と条例づくり
篠原一　1,000円

No.52
自治体における政策評価の課題
佐藤克廣　1,000円

No.53
小さな町の議員と自治体
室崎正之　900円

No.54
改正地方自治法とアカウンタビリティ
鈴木庸夫　1,200円

No.56
財政運営と公会計制度
宮脇淳　1,100円

No.59
環境自治体とＩＳＯ
畠山武道　700円

No.60
転型期自治体の発想と手法
松下圭一　900円

No.61
分権の可能性
スコットランドと北海道
山口二郎　600円

No.62
機能重視型政策の分析過程と
財務情報
宮脇淳　800円

No.63
自治体の広域連携
佐藤克廣　900円

No.64
分権時代における地域経営
見野全　700円

No.65
町村合併は住民自治の区域の
変更である。
森啓　800円

No.66
自治体学のすすめ
田村明　900円

No.67
市民・行政・議会のパートナーシップを目指して
松山哲男　700円

No.69
新地方自治法と自治体の自立
井川博　900円

No.70
分権型社会の地方財政
神野直彦　1,000円

No.71
自然と共生した町づくり
宮崎県・綾町
森山喜代香　700円

No.72
情報共有と自治体改革
ニセコ町からの報告
片山健也　1,000円

No.73
地域民主主義の活性化と
自治体改革
山口二郎　600円

自律自治体の形成　すべては財政危機との闘いからはじまった

西寺雅也（前・岐阜県多治見市長）　四六判・282頁　定価2,730円

ISBN978-4-87555-530-8 C3030

多治見市が作り上げたシステムは、おそらく完結性という点からいえば他に類のないシステムである、と自負している。そのシステムの全貌をこの本から読み取っていただければ、幸いである。

（「あとがき」より）

Ⅰ　すべては財政危機との闘いからはじまった
Ⅱ　市政改革の土台としての情報公開・市民参加・政策開発
Ⅲ　総合計画（政策）主導による行政経営
Ⅳ　行政改革から「行政の改革」へ
Ⅴ　人事制度改革
Ⅵ　市政基本条例
終章　自立・自律した地方政府をめざして
資料・多治見市市政基本条例

フィンランドを世界一に導いた100の社会政策

フィンランドのソーシャル・イノベーション

イルッカ・タイパレ - 編著　山田眞知子 - 訳者

A5判・306頁　定価2,940円　ISBN978-4-87555-531-5 C3030

フィンランドの強い競争力と高い生活水準は、個人の努力と自己開発を動機づけ、同時に公的な支援も提供する、北欧型福祉社会に基づいています。民主主義、人権に対する敬意、憲法国家の原則と優れた政治が社会の堅固な基盤です。

‥‥この本の100余りの論文は、多様でかつ興味深いソーシャルイノベーションを紹介しています。‥フィンランド社会とそのあり方を照らし出しているので、私は、読者の方がこの本から、どこにおいても応用できるようなアイディアを見つけられると信じます。

（刊行によせて - フィンランド共和国大統領　タルヤ・ハロネン）

公共経営入門 ―公共領域のマネジメントとガバナンス

トニー・ボベール／エルク・ラフラー - 編著　みえガバナンス研究会 - 翻訳

A5判・250頁　定価2,625円　ISBN978-4-87555-533-9 C3030

本書は、大きく３部で構成されている。まず第１部では、ＮＰＭといわれる第一世代の行革から、多様な主体のネットワークによるガバナンスまで、行政改革の国際的な潮流について概観している。第２部では、行政分野のマネジメントについて考察している。………本書では、行政と企業との違いを踏まえた上で、民間企業で発展した戦略経営やマーケティングをどう行政経営に応用したらよいのかを述べている。第３部では、最近盛んになった公共領域についてのガバナンス論についてくわしく解説した上で、ガバナンスを重視する立場からは地域社会や市民とどう関わっていったらよいのかなどについて述べている。　（「訳者まえがき」より）